张静

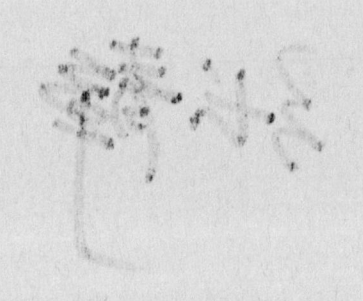

诗词大先生

叶嘉莹的诗教人生

张静 —— 著

北京联合出版公司
Beijing United Publishing Co.,Ltd.

图书在版编目（CIP）数据

诗词大先生：叶嘉莹的诗教人生 / 张静著 . -- 北京：北京联合出版公司, 2024. 10. -- ISBN 978-7-5596-7944-4

Ⅰ . K837.115.6

中国国家版本馆 CIP 数据核字第 2024C31V02 号

诗词大先生：叶嘉莹的诗教人生

作　　者：张　静
出 品 人：赵红仕
责任编辑：徐　樟

北京联合出版公司出版
（北京市西城区德外大街 83 号楼 9 层　100088）
北京盛通印刷股份有限公司印刷　新华书店经销
字数 200 千字　　880 毫米 ×1230 毫米　1/32　8.25 印张
2024 年 10 月第 1 版　2024 年 10 月第 1 次印刷
ISBN 978-7-5596-7944-4
定价：55.00 元

版权所有，侵权必究
未经书面许可，不得以任何方式转载、复制、翻印本书部分或全部内容。
如发现图书质量问题，可联系调换。质量投诉电话：010-82069336

序　言

　　龙榆生先生曾经给他的学生题写过一首《浣溪沙》的小词，下半阕说："文字因缘逾骨肉，匡扶志业托讴吟，只应不负岁寒心。"我曾把他这几句改写了一下，变成"师弟因缘逾骨肉，书生志意托讴吟，只应不负岁寒心"。老师与学生之间的这种情谊，有时甚至比骨肉更亲近。因为骨肉是天生来的，是血缘的关系，而不在于个人精神、思想上有没有一种自我的选择，而师生的情谊，则是他们的理想和志意的一种传承。所以，很多人都觉得师生的情谊是更为可贵的，这是"师弟因缘逾骨肉"。"书生志意托讴吟"——我们讲授古典诗歌，我们的理想和志意都是寄托在诗歌里边的。不只是我们自己的理想和志意，我们还透过古人的诗歌，把他们的品格、理想，他们的志意、怀抱，他们的情操、修养，传递给学生。

2015年10月,南开大学迦陵学舍落成。我的学生就集了我的老师顾随先生的字,把"师弟因缘逾骨肉,书生志意托讴吟"两句刻在黄花梨木上,挂在了迦陵学舍的迦陵讲堂内。我觉得,师生之间,确实是讲缘分的。

张静先是跟我从事博士后研究,出站后就留在我身边工作,我们之间"携手日同行"的日子算来已有20多年了。这期间,我见证了她各方面的不断成长,而她作为我晚年重要的学术助手,更是给了我极大的帮助。从课题研究到图书出版,从活动组织到对外联络,很多事情我都是在她的大力协助下完成的。特别是我晚年归国定居、在南开设立"迦陵基金"、筹建迦陵学舍、拍摄文学纪录电影《掬水月在手》等重大事件的决策与执行,可以说,都与张静密不可分。她为人正直,做事讲原则,我对她十分倚重。

借此机会,我还想向张静的先生白峰表达一下感谢。这么多年,张静能跟着我各地奔波,整日忙碌,如果没有家庭的支持,是很难实现的。

陶渊明曾说"吁嗟身后名,于我若浮烟"。作为一位百岁老人,我知道自己少不了会被人评说。而这本张静写我的书,除了学生对老师的溢美情辞我愧不敢当,内容都是可信的。其实我了解张静,书中字里行间流露的,不仅仅是对我个人的感情,更是对中华诗教当代传承的一份深情。

最后，我想用自己的一首小诗，作为这篇序文的结束：

> 天外从知别有天，
> 人生虽短愿无边。
> 枝头秋老蝉遗蜕，
> 水上歌传火内莲。

百岁老人叶嘉莹

2024 年 4 月于天津

目 录

第一章 未应磨染是初心

诗词，可以这样讲！ / 005

诗词与现实的碰撞 / 011

唤起不死的心灵 / 016

恒久不变的初心 / 022

第二章 文明新旧能相益

生命的一部分 / 030

第一重境界 / 036

第二重境界 / 042

第三重境界 / 047

第三章 心理东西本自同

人同此心,心同此理 / 056

微妙的巧合 / 061

弱德之美 / 066

掬水月在手 / 071

第四章 只是征行自有诗

工夫在诗外 / 080

跳脱烦恼的智慧 / 084

"诗词是支撑我走过苦难的力量" / 089

真正的好诗富有弹性 / 093

第五章 高节人相重

为不懂诗的人开一扇门 / 102

爱上高楼凝望眼 / 107

洗礼之后,本色依然 / 113

已识乾坤大,犹怜草木青 / 118

第六章 诗教绵绵 传嗣响

内容近似，境界各异 / 128

从"自觉"到"觉人" / 131

矜持与豪迈 / 137

凤凰涅槃 / 141

附录

从孤芳自赏到花落莲成 / 149

柔蚕老去应无憾，要见天孙织锦成
——专访叶嘉莹教授 / 159

入世已拼愁似海，逃禅不借隐为名
——叶嘉莹的入世与出世 / 184

心头一焰凭谁识，的历长明永夜时
——叶嘉莹与《人间词话》/ 192

忆君诵诗神凛然
——聆听叶嘉莹先生诵诗 / 197

诗不远人话迦陵
——大家说给叶嘉莹的话 / 203

迦陵年表 / 214

第一章

未应磨染是初心

提到诗词，您首先会想到什么呢？换句话说，诗词，对于当下的你我，究竟意味着什么呢？是中考、高考的必考内容？是中央电视台《中国诗词大会》上扣人心弦的"飞花令"？是炫于人前的一种才艺？是雅集唱和的一种技能？然而，叶嘉莹先生却说："诗词，是支撑我走过苦难的力量！"

叶嘉莹何许人？

2021年初，中央广播电视总台授予叶嘉莹先生"感动中国2020年度人物"，颁奖词这样写道："桃李天下，传承一家。你发掘诗歌的秘密，人们感发于你的传奇。转蓬万里，情牵华夏，续易安灯火，得唐宋薪传，继静安绝学，贯中西文脉。你是诗词的女儿，你是风雅的先生。"

叶嘉莹先生确实经历过很多苦难：出生于军阀混战的年代；年少时赶上卢沟桥事变；刚刚考入大学，母亲就病逝了，父亲因为工作关系，一直在后方，8年杳无音信。她，一个十几岁的大学生，带着两个弟弟，如何在沦陷区的北平（今北京）生活？结婚成家后，她随丈夫去了台湾。不久，丈夫被关进了监狱，叶嘉莹自己也带着吃奶的未满周岁的孩子被关进了监狱。释放出来后，她就无家无业，只能寄人篱下。但就是凭着对古典诗词的热爱，叶嘉莹不但在中国台湾、北美学界先后站稳了脚跟，晚年还能够选择回到祖国，用曾经支撑自己走过苦难的古典诗词来反哺我们的民族、我们的文化。等到90岁的时候，她已经活成了我们整个华人世界的一道风景。

面对鲜花和掌声，叶嘉莹先生却说："我这辈子只做了一件事，就是教书。如果有来生，我还教古典诗词。"叶嘉莹先生讲诗词的初心究竟何在呢？

诗词,可以这样讲!

1979年春,叶嘉莹先生首次回国执教。当时刚刚恢复高考,叶嘉莹先生的古典诗词课,给逐渐恢复生机的高等学府带来一股清新的风。同学们惊呼:"诗词,可以这样讲!"

据中国社会科学院学部委员、文学研究所前所长刘跃进先生回忆,1979年4月24日,叶先生在南开大学的第一讲,是在第一阶梯教室。叶先生用自己的诗句"书生报国成何计,难忘诗骚李杜魂"作为开场白,一下子就把同学们全都吸引住了。此后,叶先生白天讲诗,晚上讲词,讲《古诗十九首》,讲曹操的诗,讲陶渊明的诗,讲晚唐五代的词。讲座一直安排到6月14日。在将近两个月的时间里,每堂课,学生们都听得如痴如醉,不肯下课,直到熄灯号响起。叶先生当时还作了诗,形象地记录了当时上课的场景:"白昼谈诗夜讲词,诸生与我共成痴。临歧一课浑难罢,

▲ 1979年4月,叶嘉莹先生第一次到南开大学讲学,与时任校长杨石先(前排右二)、时任外文系主任李霁野(前排右一)、时任中文系主任朱维之(前排左一)等人合影

直到深宵夜角吹。"[《天津纪事绝句二十四首》(其二十)]

刘跃进先生当年的日记里这样写道:"两个月来,叶先生渊博的知识,诗人的气质,热爱祖国的真挚情感,严谨求实的治学态度,都给自己留下终生难忘的印象。叶先生不仅仅向我们传授中国古典诗词的知识,更是向我们传递一种人生哲理和向上的力量。她说,如果说实践是检验真理的唯一标准,那么真诚则是追求真理的重要途径。做人做事要真诚,学习钻研要真诚。真诚是做人的重要标准,古代这样,今天也是如此。"

20世纪70年代,很多人都还在想方设法找门路出国吧?叶先生为什么会选择"逆行"呢?1976年,叶先生的长女和女婿出车祸都不在了,叶先生曾写下《哭女诗十首》。经过那次大的悲痛后,叶先生忽然间有了一种觉悟:把一切建在小家小我之上,这不是一个终极的追求,一个人要有更广大的理想,只有把个人的精力、时间乃至生命投注到文化传承的长河中去,才能实现更高的人生意义。所以,叶先生决定回国教书,希望将古代诗人们的心魂、志意这些宝贵的东西传给下一代。1978年,叶先生向中华人民共和国教育部提交了志愿自费回国教书的申请。

或许我们可以从叶先生在1978年创作的诗词中,更好地了解她当年选择回国教书的心路历程。《向晚二首》前的小序云:"近日颇有归国之想,傍晚于林中散步,成此二绝。"

其一

向晚幽林独自寻,枝头落日隐余金。
渐看飞鸟归巢尽,谁与安排去住心?

其二

花飞早识春难驻,梦破从无迹可寻。
漫向天涯悲老大,余生何地惜余阴?

  这两首绝句,是叶先生写好了申请回国教书的信,去巷口邮局投递,穿过门前的树林时,即兴而作。它们有个共同的特点,最后都以问句作结:"谁与安排去住心?""余生何地惜余阴?"那个时候,叶先生已经54岁了。她望着枝头的夕阳、归巢的飞鸟,不禁对自己的后半生该何去何从,陷入了深深的思考。申请信寄出后不久,叶先生从《人民日报》(海外版)上看到了一则令人振奋的消息:李霁野教授在南开大学任教了。李先生是叶先生的老师顾随先生的好友,也是鲁迅的弟子,曾经翻译了《简·爱》。叶先生在报纸上看到李霁野先生的消息后,十分兴奋,立即给李先生写了一封信,告诉他自己已经提交了回国教书的申请。不久,叶先生接到了李先生的回信,说祖国形势大好。于是,叶先生就又写了两首诗,题目是《再吟二绝》。题下注云:"写成前二诗后不久,偶接国内友人来信,提及今日教育界之情势大好,读之极感振奋,因用前二诗韵吟此二绝。"

其一

却话当年感不禁,曾悲万马一时喑。

如今齐向春郊骋,我亦深怀并辔心。

其二

海外空能怀故国,人间何处有知音。

他年若遂还乡愿,骥老犹存万里心。

曹操的《龟虽寿》里说"老骥伏枥,志在千里",而叶先生在申请回国教书的时候却是抱着"骥老犹存万里心"的报国宏愿归来的。1978年秋天,叶先生还写下了一首《水调歌头·秋日有怀国内外各地友人》,下阕有云:"虽别离,经万里,梦魂通。书生报国心事,吾辈共初衷。天地几回翻覆,终见故园春好,百卉竞芳丛。何幸当斯世,莫放此生空。"今天读来,我们依然能感受到叶先生渴盼回国教书的那份时不我与的赤诚。归国40多年来,叶先生正是用自己的生命,书写着对中华诗教、对祖国优秀传统文化的那份真挚、深沉的爱,真可谓初心不改。

▲ 1979年，初来南开大学的叶嘉莹先生在给中文系学生上课

诗词与现实的碰撞

叶嘉莹先生的老师顾随先生曾经讲过："吾人读诗只解字面固然不可，而要千载之下的人能体会千载而上之人的诗心。然而这也还不够，必须要从此中有生发。……吾人读了古人的诗，仅能了解古人的诗心又管什么事？必须有生发，才得发挥而光大之。……可以说吾人的心帮助古人的作品有所生发，也可以说古人的作品帮助吾人的心有所生发。这就是互为因缘。"（《中国经典原境界》）

这里不妨跟大家分享一段我的亲身经历。2015 年，我协助年逾九旬的叶先生编选《给孩子的古诗词》。当时，我初选了近 300 首古典诗词，供叶先生拣选。没想到第一轮讨论时，叶先生就把李商隐的《天涯》给删掉了。叶先生说："张静，李义山的《天涯》是首好诗。我可以跟你讲它是好诗，你也可以跟学生讲它是好诗，但是我们不能给孩子们讲这首诗，不能让孩子们刚开始读诗就读这么悲哀、

伤感的作品。"于是,我删掉了李商隐的《天涯》,换上了王安石的《题何氏宅园亭》。大家不妨一起来读读王安石的这首小诗:

荷叶参差卷,榴花次第开。
但令心有赏,岁月任渠催。

《题何氏宅园亭》是王安石晚年,辞世前两年在江宁(今南京)一位姓何的朋友家,为他家中的园林亭台所题写的一首五言绝句。但引发他诗兴的并非这座园亭里豪奢宏阔的建筑,而是大家身边皆可常见的花木。这正体现了王安石作为思想家、大诗人的慧眼独具。"荷叶参差卷",春末夏初荷叶初生,"小荷才露尖尖角"(杨万里《小池》),荷叶不是一下子打开的,也不是整齐地长成"擎雨盖"那么大的,而是参差地、有先有后地慢慢舒张,荷叶有它自己成长的规律。"榴花次第开","次第",即先后有序地。"花时随早晚,不必嫁春风"(杨维桢《咏石榴花》),并非所有的花都开在春天,更不必都在初春绽放。石榴花就是春天开得较晚的一种花,石榴花一开,就表明春天已过去,初夏来临了,所以石榴花也有自己绽放的节奏。这一花一叶的红绿之间就形成了鲜明的对比,一个怒放枝头、一个浮萍水上,高低之间就有了错落的层次。此诗前两句通过双声("参差")叠韵("次第")词,突显出万事万物都有自身成长发展的节奏与规律。"梅先菊后何须较,好似人生各有时"（赵抃《次韵郁李花》），其实每一个人，就如同花木一样，都有自己的花期，有自己绽放的时间、成长的节奏。

"但令心有赏"，但只要找到了自己真正感兴趣的目标，发现了自己愿意投注的方向。"岁月任渠催"，就不会再觉得时间匆促、不会再慨叹年华易逝，就不会再感慨"岁月不居，时节如流"（孔融《论盛孝章书》）了。所以，一生中最重要的就在于我们是否找到了令自己"心有赏"的目标和方向。一旦找到了，这一生就有了价值与意义。每个生命都应该有所完成，无论是植物、动物还是人类。只要确立了一个可以终身向往的目标，他就不负此生。德国著名思想家尼采说过："一个人知道自己为什么而活，就可以忍受任何一种生活。"可见确立目标对于一个人的一生成长至关重要。

这里不妨跟大家分享一点我作为高校教师的体会。每年高考结束之后，各高校都会开展招生宣传咨询工作。咨询会现场人山人海，前来咨询南开大学招生情况的家长也有很多，但其中总有一部分家长开口就问："我们孩子考了多少多少分，报南开的哪个专业最合适？""我们孩子分数高，南开大学哪个专业最热门？"我都会跟这些家长先谈谈："咱们家长帮助孩子填报志愿，不是到菜市场买菜。兜里揣着10块钱去问：'这堆儿萝卜怎么卖？''7块？我有10块，那亏了。''这捆儿青菜怎么卖？''9块9？那我这10块钱差不多'。"我们如果真心关爱自己的孩子，去菜市场买菜时，是不是首先要考虑孩子最喜欢吃什么？对于孩子未来的成

▲ 2011年11月，叶嘉莹先生在清华大学演讲

长需要补充什么营养？恐怕这才是最根本、最重要的吧？在填报高考志愿选择专业时，我们最需要尊重的应是孩子的天赋与兴趣。有的家长甚至会说："我们孩子考了这么高的分，去学你们文史哲是不是亏了？亲戚朋友都说学金融将来才风光。"我的答复是："孩子高考考出了好成绩，我们做家长的应该算是胜利完成任务了。孩子未来道路的选择，应该遵从孩子的内心，而不是家长的面子，因为当下的选择很可能会决定他一生的职业道路。如果不是自己真正喜爱的专业，那岂不是要付上一生的代价？"我们作为家长和老师的职责，就在于帮助孩子尽早发现他"心有赏"的

目标和人生方向。

　　大家看，诗词可以这样讲！顾随先生曾经说过，"余是入世精神，受近代思想影响，读古人诗希望从其中得一种力量，亲切地感到人生的意义"，"一种学问，总要和人之生命、生活发生关系"。叶嘉莹先生讲诗，深受顾先生的影响，强调的也是要把古人的诗词与现实的人生进行碰撞，进而影响到人们当下的修为。唯有如此，我们才能将诗歌内化于心，真正实现诗教承传。叶嘉莹先生的说诗、讲诗，常常是有的放矢，通过诗词引领大家在现实生活的困惑和迷茫中找到方向！

唤起不死的心灵

闻一多先生曾经说:"诗人对诗的贡献是次要问题,重要的是使人精神有所寄托。"当下的我们应该如何传承古典诗词这笔宝贵的传统文化遗产呢?《荀子·劝学》曾言:"小人之学也,入乎耳,出乎口;口耳之间,则四寸耳,曷足以美七尺之躯哉!"也就是说,古典诗词如果我们只是用耳朵听了、嘴巴会背了,而对我们的心灵不产生触碰、对我们的情感不产生触动、对我们的思想不产生影响、对我们当下的修为不产生作用的话,那真好似一个人如入宝山空手而还一般遗憾。所以,今天的我们传承古典诗词,为的不仅仅是能背会写,更重要的应是涵养身心、敦励品行,从思想上体认古人的修养与品格,从行动上践行古人的智慧与修为。

诗词,真的可以这样讲吗?我们不妨来看一首具体的诗例——杜甫《绝句四首》(其三):

两个黄鹂鸣翠柳,一行白鹭上青天。

窗含西岭千秋雪,门泊东吴万里船。

762年,杜甫故旧严武入朝,蜀地曾发生动乱,杜甫一度离开成都。764年,严武被重新任命为成都尹兼剑南节度使,邀杜甫返归成都。在经历了"三年奔走空皮骨,信有人间行路难"[杜甫《将赴成都草堂途中有作先寄严郑公五首》(其四)]的颠沛流离之后,杜甫怀着"身老时危思会面,一生襟抱向谁开"(杜甫《奉待严大夫》)的期待回到了草堂。重返故园的杜甫心情舒畅,曾在城西浣花溪畔开垦了一块荒地,在一棵高大的楠树下建了一座茅屋。浣花溪是一个风景优美的地方,杜甫的草堂就在清澈的溪水旁,"万里桥西一草堂,百花潭水即沧浪"(杜甫《狂夫》)。杜甫的好朋友高适和严武都在当地为官,经常到他家里做客,从生活上给他一些周济帮助。在两位朋友的关照下,杜甫"安史之乱"后的流寓生活中难得出现了片刻的怡然自得。在这样的心境下,他一气写下了四首即景小诗,笔随兴至,即以"绝句"为题。

提起老杜的诗风,大家首先想到的应该是"沉郁顿挫"。北大的葛晓音教授曾经研究指出,杜甫的七绝大多作于兴致较高、心情轻松,甚至是欢娱的状态中。所以,古诗词切忌脸谱化"千诗一面"地死板讲授,而应该结合具体情景、具体意象,灵活地阐发。

这首《绝句》，一句一景，仿佛勾勒出四幅独立的画面。其实通篇运用对仗，上下联之间、每联的两句之中都有着内在的关联。首句写草堂前黄鹂鸣于翠柳之间，是近景；次句写白鹭飞上青天，是远景。"两个黄鹂鸣翠柳"，鸟儿的成双结对是一派生机勃勃的活泼图景。"黄""翠"的色彩是明快鲜亮的，"翠"，是一种青绿的颜色，那为什么不用"绿"，不用"碧"？因为"翠"从声音上感觉更响亮，从色彩上来说更新鲜，从情意上来讲更珍贵。"一行白鹭上青天"写白鹭结伴飞翔于青天之上，"白""青"的颜色映衬，也是一派欢悦的动景。宋代著名词人辛弃疾就曾深受此句影响而写出了"谁似先生高举，一行白鹭青天"（《清平乐·书王德由主簿扇》）的高致。"两个黄鹂鸣翠柳，一行白鹭上青天"，洁净、高尚，视线由近及远，自下而上，是一组越来越高、渐行渐远的图景。

此诗前两句中的动词是"鸣""上"，动态；后两句中的动词则是"含""泊"，静态。上联纯写景物，下联则因为有了"门"、有了"窗"而出现了"人"。门窗关闭，则无法发现外面的世界。只有推开窗、打开门，与外在的世界沟通，才能领略到高洁的景物，探寻到高远的目标。"窗含西岭千秋雪"写凭窗远眺西岭积雪，是远景。"窗"是一个经常在古典诗词中出现的意象：谢朓的"窗中列远岫"（《郡内高斋闲望答吕法曹诗》），白居易的"窗开晓翠通"（《窗中列远岫》），苏轼的"挂起西窗浪接天"[《南堂五首》（其一）]，均是通过一窗，内外通流，小中见大，将读者由窗内的小空间接引到窗外的大空间。"含"字运用拟人手法,仿佛一幅镶嵌在窗框中的图画,出现在眼前,十分贴切生动。"西岭"即西山雪岭,在成都府西,杜甫曾有诗云"西山白雪三城戍"(杜甫《野望》)。岭上积雪终年不化,才积聚了"千秋雪","千秋"点出时间的久远,更显其静。"岭"象征着高远,"雪"代表着纯洁。也就是说,我们应该敞开心扉,推开窗,去为自己找寻一个高洁、远大的目标和方向,而且需要付上千秋的执着。"门泊东吴万里船"写门前的船只,是近景。"泊",停泊着,但这停泊的是要驶向东吴的船只,静中就包含着动。"万里"不但点出空间的辽阔,而且成都附近确有一座"万里桥",既是古代成都水陆交通的一个重要起点站,又是一大名胜古迹。唐代诗人李吉甫《元和郡县图志》里记载:"万里桥,架大江水,在(成都)县南八里。蜀使费祎聘吴,诸葛亮祖(饯行)之,祎叹曰:'万里之路始于此桥。'因以为名。"杜甫曾有诗云"西山白雪三城戍,南浦清江万里桥"(杜甫《野望》),历代也有其他诗人吟咏过"万里桥":比如张籍的"万里桥边多酒家"(《成都曲》),刘禹锡的"家住成都万里桥"[《竹枝词九首》(其四)],陆游的"成都城南万里桥"(《临别成都帐饮万里桥赠谭德称》)。"船"这个意象需要注意,一方面,它可以把人从此岸接引到彼岸去;另一方面,它又是负重前行的交通工具,而且是"万里"之遥,就寓示着任重道远的担当。"千秋雪"言时间之久,"万里船"言空间之广,身在草堂的诗人,思接千载、视通万里,这是何等开阔的胸襟!"千秋雪"言目标之高洁,"万里船"言行动之有力,我们需要更高洁的目标,也需要更务实做事的才干、任重道远的担当。

如果以绘画构图来审视,"两个黄鹂"是点,"一行白鹭"是线,"窗含西岭"是面,"万里船"则是体。一首28个字的绝句,点、线、面、体的结合,蕴蓄了如此丰富的智慧,能给人一种向上的引领,使人获得品格上的熏陶。难怪杜甫被闻一多先生誉为我们"四千年文化中最庄严、最瑰丽、最永久的一道光彩"(《唐诗杂论》)。

中国的古典诗词可以唤起人们一种善于感发、富于联想、更充满高瞻远瞩之精神的不死的心灵。中国古人作诗,是带着身世经历、生活体验,融入自己的理想和志意而写的。他们把自己内心的感动写了出来,"其人虽已没,千载有余情"(陶渊明《咏荆轲》)。千百年后的我们再诵读这些作品,依然能够体会到同样的感动,这就是中国古典诗词的生命力。而叶嘉莹先生讲诗就是重在发掘、传讲古典诗词中蕴含的精神标识和思想精髓。叶先生曾经慨叹道:"如果说我传的是诗教,而且是广义的诗教,要把中国诗歌里边这一份崇高、美好的思想、感情、品格、修养传下来,那我真的是有这样的理想,我也真的是有这样的意愿和感情的。"

▲ 2013年,叶嘉莹先生在温哥华当地华人社区讲授中华传统吟诵

恒久不变的初心

2017年,叶嘉莹先生在南开大学捐设"迦陵基金",志在全球弘扬中华诗教,并于2019年完成了前期捐赠,一共3568万元。消息一经传出,媒体争相联系学校,希望进行采访和报道。学校尊重叶先生的意愿,都婉拒了。有一天,一个媒体的朋友给我打电话,说:"张老师,你们这么正能量的事情,为什么不让报道?我们主流媒体,通过正规渠道——你们学校的党委宣传部,联系上你们,你们都拒绝接受采访。可是自媒体早炸了,朋友圈整天转发,你们也管不了。叶先生捐设'迦陵基金'的消息都已经冲上热搜了,你们还不接受采访、还不让报道呢!"

于是,我只好再次向叶先生汇报。叶先生说:"请你替我这样答复媒体的朋友:现在的社会还是太功利了,大家只看到叶嘉莹捐出了一笔钱。而我是1979年就回国教书的。我在温哥华的家,张静你也去过,上世纪(20世纪)70年代初,我就住在那里了,24小时的热水淋浴、抽水马桶都有了。可是1979年我回到国内,不要说天津的生活水平,就是在我的老家北京,去上厕所,还得走两条胡同,去上那种土厕所。在这种情况下,我都选择了回国。所以,我更看重的是1979年回国教书的选择。回到国内,南开大学当时教授的月薪不足百元,我怎么跟国家谈待遇?所以,我不仅不要讲课费,而且差旅、国际机票我都是自付的。那时候,我就是希望能够回到祖国来,接引更多的青年一代能够领略到古典诗词中的美好。那时候,我决志奉献的是我的时间、我的精力、我的才华、我的生命,乃至我的一切。所以,如果跟1979年我志愿自费回国教书比较起来,现在我把自己身后用不到的钱捐出来,又算得了什么呢?"

于是,我就这样答复了媒体。没想到第二天,《人民日报》(2019年5月14日)的官方微博就发表了官方微评"未应磨染是初心":

> "忧道不忧贫,谋道不谋食",叶先生是温润如玉的谦谦君子,不仅赋予了古典诗词新的生命,更传承了诗词中的"品格、修养、理想、志意、持守"。明澈洁纯的人生,让人向往。生活未必富足,精神却是高贵的;生命未必诗意脉脉,但在求道过程中,却活出了境界。

▲ 叶嘉莹先生在迦陵学舍

其实，这篇微评的题目"未应磨染是初心"，是出自叶嘉莹先生自己的诗句。叶先生1979年回到南开大学，教授的是南开大学中文系1977、1978两个年级入校的学生。等到他们毕业三十周年之际——2012年，这些学生又回到了南开，又来看望叶先生，说要出版一本纪念文集，请叶先生题诗。于是，叶先生为他们写了两首七言绝句：

其一

春风往事忆南开，客子初从海上来。

喜见劫余生意在，满园桃李正新栽。

其二

依依难别夜沉沉，一课临歧感最深。

卅载光阴弹指过，未应磨染是初心。

叶先生看到当日的满园桃李如今都已各有成就，当然觉得欣喜。

大家有没有注意到，30年前，叶先生为这批学生讲课时写下的诗句里就有"临歧一课浑难罢，直到深宵夜角吹"，30年后，叶先生仍在感慨"依依难别夜沉沉，一课临歧感最深"，为什么呢？原来啊，1979年，叶先生在南开首次讲授古诗词课，在学生中产生了强烈的反响。等到两个月后，这门课程要结束的最后一课，叶先生一直讲到教室熄灯，同学们仍然不愿下课、不愿离去。那是一个怎样难忘的场景啊！

不过，30年来国内社会发生了不少变化，叶先生所盼望的是这些学生仍能保有当年那一份充满理想和追寻的纯真的本心，所以写下"未应磨染是初心"的诗句相赠。"磨染"是有出处的，《论语·阳货》："子曰：'……不曰坚乎，磨而不磷；不曰白乎，涅而不缁。'"翻译过来就是：不是说坚硬的东西磨也磨不薄吗？不是说洁白的东西染也染不黑吗？这是孔子对弟子子路说的话，表示自己品格高洁，不会受到外界的影响。叶先生所看重的，也正是这种不磷不缁的风骨。"卅载光阴弹指过，未应磨染是初心"，叶先生说：我，叶嘉莹，还是30年前，站在南开大学主楼111教室教书的那个叶嘉莹，我还在从事着自己喜爱的古典诗词的教研工作。你们有的成了正部级领导，有的成了真正的亿万富豪，你们跟当年坐在主楼111教室的那个自己相比，初心改变了吗？

在将近80年的教学生涯中，叶嘉莹先生将其深厚的国学根底、精湛的西学修养和深刻的生命体验融为一体，形成了独特的解诗学范式，召唤生活在不同时间、空间，有着不同的价值观、信仰的听众，将自己的生命体验贯注到中华诗教中，成为"讲好中国故事、传播好中国声音，展现可信、可爱、可敬的中国形象"的典范。那么，叶嘉莹先生讲诗的成功经验究竟有哪些呢？

第二章

文明新旧
能相益

2013年5月，我应邀在哈佛大学燕京图书馆（简称哈佛燕京）举办讲座的时候，注意到一楼报告厅的墙壁上悬挂着一副联语"文明新旧能相益，心理东西本自同"。这是1931年陈宝琛先生送给哈佛燕京的礼物。它提示我们，不同文明虽有古今、新旧的差异性和多样性，但仍然可以相通和借鉴，彼此之间的交流能够相互受益，从而实现人类文明在时间和空间上的传承与交融。这一章，我们就是要聚焦上联"文明新旧能相益"。

中国的古典诗词作为优秀传统文化的精髓，数千年来深刻参与了文化核心价值的生成与民族精神的塑造，是中华民族代代相传的文化基因，被喻为中华文化的"芯片"。通过这个"芯片"，可以积累、传导、激活、开启人们优雅生存的智慧。顾随先生曾经说："不了解古人是辜负古人，只了解古人是辜负自己，必要在了解之后还有一番生发。"（《中国经典原境界》）对古典诗词的解读与讲解，就成为打通古今之间的一条重要通道。叶嘉莹先生讲诗词的一大成功经验就在于能够实现古今之间的融通，仿佛架起了一座古典诗词与现代文明之间的桥梁，使得"文明新旧能相益"。

生命的一部分

讲授诗词于叶嘉莹先生而言,绝不仅仅是一份职业和谋生的手段,更是她真正热爱的兴趣、事业,甚至是生命的一部分。因而叶嘉莹先生不但登台讲诗极具感染力,日常跟学生们在一起也总是非常自然地以诗育人,真正做到了"古为今用"。

受国家留学基金委的资助,10多年前,我曾到加拿大不列颠哥伦比亚大学做访问学者,有幸"千里伴师行",陪同叶先生一起飞至温哥华共同工作、生活和学习。回想在温哥华与叶先生"相看两不厌""携手日同行"的日子,确实是一段令我最为珍存的记忆。陪侍叶先生左右,最强烈的感受就是:叶先生是沉浸在诗词中的,周围的景物往往会令她将烂熟于心的佳句名篇脱口而出。比如,春、夏两季是温哥华最美的季节,群芳依次盛开。加拿大不列颠哥伦比亚大学有一条街,是叶先生每天开车去亚洲图书馆

▲ 2014年11月，叶嘉莹先生在迦陵学舍与恭王府移植来的"西府海棠"合影

的必经之路。四月的时候，这条路两侧的花树怒放，花伞如盖，叶先生经过此地常常会吟诵吴文英的词句"绣幄鸳鸯柱。红情密，腻云低护秦树"，这是《宴清都·连理海棠》的开篇三句，点明海棠花和它周边所处的环境。"绣幄"是彩绣的大帐，富贵人家用来护花。"鸳鸯柱"指成双成对的立柱，用来支撑大帐。花为连理，柱亦成双。"红情密"言海棠花花团锦簇，十分繁茂。以"情密"写花，拟人称物。"腻云"常用来描摹女子云鬟，这里以云鬟衬香腮来比喻翠叶护红花。"秦树"指连理海棠。一节节连在一起的海棠树干，好像是一对对相依的鸳鸯，花团锦簇。红花开得茂

盛,绿叶低垂,好像在护卫着连理的海棠。叶嘉莹先生很喜欢海棠,2015年迦陵学舍落成时,北京恭王府博物馆还特意从叶先生当年就读辅仁大学时的女生宿舍瞻霁楼前选了两株海棠,移植到了迦陵学舍。叶先生为此还填写了一首《水龙吟》:

迦陵学舍初成,迎来王府双姝媚。长车远送,良辰共咏,桃夭归妹。沽水萦迴,燕云绵渺,意牵情系。想古城旧邸,南开新寓,身总在,黉宫里。

老我飘零一世。喜余年、此身得寄。乡根散木,只今仍是,当年心志。师弟承传,诗书相伴,归来活计。待海棠开后,月明清夜,瞻楼头霁。

叶先生就是这样,即使是赏花,也会想到"乡根散木,只今仍是,当年心志。师弟承传,诗书相伴,归来活计"。对诗教传承的那份执着与投入,始终未曾改变。

还有一次,叶先生在开车带我回家的路上看到一株高大的紫玉兰树。前两天还在枝头盛开的花瓣,如今却撒落一地,宛然一幅"寂寞开无主"的原生态图景,叶先生于是先吟诵了王维的《辛夷坞》:"木末芙蓉花,山中发红萼。涧户寂无人,纷纷开且落。"继而又背诵起李商隐的《寄恼韩同年二首》(其一):"帘外辛夷定已开,开时莫放艳阳回。年华若到经风雨,便是胡僧话劫灰。"叶先

◀ 迦陵学舍辛夷花树

生边开车边自语:"义山的结句太悲观啊!"王维的《辛夷坞》,把辛夷花比作芙蓉花,开得那样红润艳丽。而且,它盛开在高高的树梢,俯临深涧,又是那样高标傲世。诗的前两句着重写花的"发",后两句写花的"落":它自开自败,顺应着自然的本性;它自满自足,无人欣赏,也不企求有人欣赏。李商隐的《寄恼韩同年二首》是李商隐写给"同年"韩瞻的,他们二人不但是同榜进士,后来又成为连襟,所以李商隐这两首诗本来写的是有些诙谐风趣的。但叶先生,一位90多岁的老人,看到辛夷花的开落而吟咏到"年华若到经风雨,便是胡僧话劫灰"时则带有更多历尽沧桑后的深沉、感慨。2016年,叶嘉莹先生在北美的弟子向迦陵学舍捐赠了一株紫玉兰树,叶先生也赋诗一首,题目就叫《木兰》:

> 杏坛植嘉树,花开似芙蓉。
> 化雨春常在,诗心一脉通。

大家看,叶先生在对玉兰花树的喜爱中也融入了对弟子、对诗教传承的一份期许啊!

这里不妨再跟大家分享一个例子。记得2012年4月9日《中国社会科学报》上曾刊登过一篇文章,就余光中先生的代表作《乡愁》中的一个量词与余先生商榷。作者认为《乡愁》的第三节里有一句——"乡愁是一方矮矮的坟墓",用"方"来做"坟墓"的量词与事实不符,宜改为"座"。文章指出,中国的坟墓在汉代以后就没有方形的了,所以余光中先生的母亲应该是安葬在一个圆形或者椭圆形的墓中。我曾将这篇文章中的观点向叶先生请教:"考虑到此诗其他小节里几个量词,都具有小而轻的特点,而且均为平声字,'一枚小小的邮票''一张窄窄的船票''一湾浅浅的海峡',这里还是'一方矮矮的坟墓'比'一座矮矮的坟墓'更合适吧?"叶先生回答:"不仅如此,还应当注意量词之后字的读音。'小小''窄窄''矮矮''浅浅'均为仄声,一定是前面跟一个平

▲ 2016年10月，陪同叶嘉莹先生在北京大学与余光中夫妇交流

声字读来更上口。余光中先生不仅写新诗，也有很好的旧学根底。他了解我们中国的汉字独体单音、平仄要间隔出现的这种声音上的美感的规律，所以他的新诗，甚至他的翻译中也都能注意到平仄相间的声音节奏。"

2016年国庆期间，正好在北大遇到了余光中先生和他的夫人。大家一起喝下午茶聊天的时候，我跟余光中先生聊起了这段故事。余先生很谦虚，他说："叶先生不愧是大师，比我自己想得还全面。"可见新文明与旧文明之间不仅能够共存共生，彼此之间还可以助力、增益。

第一重境界

叶嘉莹先生曾经将王国维的《人间词话》作为自己通向诗词欣赏之门的一把门钥，从上初中时就读《人间词话》，到20世纪70年代在北美时期撰写相关著述，再到晚年的《人间词话七讲》一书被评为"2014中国好书"，可见《人间词话》一书对叶先生产生的影响。王国维在《人间词话》中提到了古今成大事业、大学问的三重境界，我们不妨以此为例，看看诗词怎样讲，才更彰显出"文明新旧能相益"。

在王国维提出"三重境界说"之前，晏殊的《蝶恋花》、柳永的《蝶恋花》和辛弃疾的《青玉案·元夕》已经存在数百年了，为什么一直要等到王国维的出现，才从里面读出了成大事业、大学问的三重境界呢？我们先来读一读王国维在《人间词话》中的表述：

古今之成大事业、大学问者，罔不经过三种之境界："昨夜西风凋碧树，独上高楼，望尽天涯路。"此第一境也。"衣带渐宽终不悔，为伊消得人憔悴。"此第二境也。"众里寻他千百度，蓦然回首，那人却在，灯火阑珊处。"此第三境也。此等语皆非大词人不能道。然遽以此意解释诸词，恐为晏、欧诸公所不许也。

接下来，我们就从王国维成大事业、大学问的三重境界入手，一起来看一看，王国维的三重境界与原作之间有着怎样的联系。以及，王国维先生的这种文学作品联想的感发性是如何展开的。

首先，我们看第一重境界："昨夜西风凋碧树，独上高楼，望尽天涯路。"这是晏殊《蝶恋花》中的句子。我们不妨读一读晏殊的原作：

槛菊愁烟兰泣露。罗幕轻寒，燕子双飞去。明月不谙离恨苦。斜光到晓穿朱户。

昨夜西风凋碧树。独上高楼，望尽天涯路。欲寄彩笺兼尺素。山长水阔知何处？

这里写的是一种相思，一种怀远，一种秋日之怅惘。"槛菊愁烟兰泣露"，开篇第一句，晏殊就赋予了菊花、兰草一种拟人化的色彩，因为它可以愁、可以泣，所以是"槛菊愁烟兰泣露"，也就是词中书写的外在的景物也深深融入了作者此刻的心境、心情。"罗幕轻寒，燕子双飞去。"这个时候，在这样一个渐冷的季节，燕子已经飞走了，还是比翼双飞呢，可我现在却是形单影只，很自然地切入到了我为何会愁、为何会泣。因为我现在有一个相思、怀念的对象，而我现在却没有跟相亲相爱的人相伴相守。"明月不谙离恨苦。斜光到晓穿朱户。"这两句是晏殊反用了明月的典故。一般我们说，"月亮走，我也走，月亮代表我的心"。通常大家默认月亮跟人心之间有一个交流、有一种契合，但是晏殊这里反其意而用之，"明月不谙离恨苦"，说明月亮不懂事，它根本不了解我心里想的是什么，为什么呢？因为如果它知道我作为一个离别的人，心中的这种离别愁闷，这种相思焦灼，这种难以入眠的情愫，它就不应该"斜光到晓穿朱户"，它就不应该一直照着我的床头，一直照着我彻夜未眠。所以，这首词的上阕，就是在写思妇之情，表达了一种相思、怀念之意，在秋日里这样的一份相思、怅惘。

因为主人公一夜未眠，所以第二天很早就起来登高远望，结果发现"昨夜西风凋碧树"。一夜之间，在我未眠的这个晚上，昨日还是非常碧绿的树梢，如今都已经凋零了。"西风凋碧树"，不仅是登楼即目所见，而且包含了昨夜通宵不寐、卧听西风落叶的回忆。碧树因一夜西风而尽凋，足见西风之劲厉肃杀，"凋"字突显出这一自然界的显著变化给予主人公的强烈感受。景既萧索，人又孤独,几乎言尽的情况下,作者却出人意料地展现出一片无限广远寥廓的境界:"独上高楼,望尽天涯路。"这里固然有凭高望远的苍茫之感,也有不见所思的空虚怅惘,但这所向空阔、毫无窒碍的境界又给主人公一种精神上的满足,使其从狭小的帘幕庭院的忧伤愁闷转向对广远境界的眺望,这是可以从"望尽"一词中体味出来的。这三句尽管包含望而不见的伤离意绪,但感情是悲壮的,没有纤柔、颓靡的气息。

"欲寄彩笺兼尺素",人都是多面的,这里说"彩笺兼尺素",就是一个人的两面:一方面是盛妆、华美、愉快的,而另一方面则是淡妆、质朴、愁闷的。而我愿意把我的方方面面、生活中的喜怒哀乐都寄呈给你。"山长水阔知何处?"但是,这份理想终究还是落空了,为什么?因为山长,因为水阔,因为这中间,道路条条不说,还充满了种种阻碍,山高水阻,不知如何才能传递。

所以,晏殊的这首小词,本身写的就是一种离人秋日的相思、怅惘,并没有成大事业、大学问的境界。但王国维为什么从里面就读出了成大事业、大学问的第一重境界呢?当我们独上高楼的时候,当我们有一天来到一个平台,到达更高层次之后,我们忽然间会觉得,"昨夜西风凋碧树",以前我们所依凭的,我们深信不疑的一些人和事,仿佛都有了变化。比如,一个人考上了大学,离开了自己中学的母校,离开了熟悉的中学校园、老师、同窗、环境,也离开了家庭和父母的呵护。这个时候,我们"独上高楼",来到了高等学府,很可能会感到孤独,以前可以依凭的人和事,甚至我们中学学到的一些道理、定理和知识,在更高层次上,我们可能对它们产生了质疑。但因为孤独,因为思考,因为反省,恰恰这个时候是立志的最好时期。所以,独上高楼是非常重要的第一重境界。

▲ 迦陵学舍月亮门

▲ 迦陵学舍荷花

第二重境界

王国维所讲的第二重境界——"衣带渐宽终不悔,为伊消得人憔悴",出自柳永的《蝶恋花》。柳永的这首词本意也不是写如何成就大事业、大学问的第二重境界,我们不妨一起来读读这首词:

伫倚危楼风细细。望极春愁,黯黯生天际。草色烟光残照里。无言谁会凭栏意?
拟把疏狂图一醉。对酒当歌,强乐还无味。衣带渐宽终不悔。为伊消得人憔悴。

这首词用"伫倚危楼"开篇,古时人们常把高楼称作危楼,李白诗里说"危楼高百尺,手可摘星辰"嘛!主人公在高楼之上站立了很久,"望极春愁,黯黯生天际",这个"生"字用得很好。

"生"是什么？是一个从无到有、由小聚多的渐变过程。现在是春天，所以是"望极春愁"！而且是从无到有、由小聚多。辛弃疾曾有词云："天远难穷休久望，楼高欲下还重倚。"(《满江红》)所以"危楼""倚危楼""倚楼久望"，在古典诗词中经常出现。"黯黯"，表明愁绪越来越强烈。"草色烟光残照里"，夕阳西下，草色烟光之中，"无言谁会凭栏意"？又有谁能真正地了解我此时的心意，知道我心中的所思所想？登临高处的我是如此孤独。

柳永是一个很有才华的作家，曾写过很多流传千古的作品，被誉为"凡有井水饮处，即能歌柳词"(叶梦得《避暑录话》)，但是柳永仕途多舛，参加科举考试没有考中，就写了一首《鹤冲天》表明心志：

> 黄金榜上，偶失龙头望。明代暂遗贤，如何向。未遂风云便，争不恣狂荡。何须论得丧？才子词人，自是白衣卿相。
>
> 烟花巷陌，依约丹青屏障。幸有意中人，堪寻访。且恁偎红倚翠，风流事、平生畅。青春都一饷。忍把浮名，换了浅斟低唱。

虽然是一首科考落第之后的"牢骚"之作，但也充分展示了柳永的狂傲性格。词中还表现出蔑视功名、鄙薄卿相的意味。柳永说"黄金榜上,偶失龙头望",就把作者的失落、激愤、难堪、不甘之情都表达了出来。"争不恣狂荡",表示要无拘无束地继续过自己那种为一般封建士人所不齿的流连坊曲的狂荡生活。"偎红倚翠""浅斟低唱",就是对"狂荡"的具体说明。词人这样写,是恃才负气的表现,也是表示抗争的一种方式。"何须论得丧?才子词人,自是白衣卿相。"说自己虽是白衣未得功名,而实具卿相之质。这是牢骚、感慨的顶点,也是自我宽慰的极限。"何须论得丧",正是对登第与落第的得与失进行掂量和计较;自称"白衣卿相",也正是不忘朱紫显达的思想流露。写到最后,词人好像得出了结论:"青春都一饷。忍把浮名,换了浅斟低唱。"青春短暂,不忍虚掷,表达了不愿为"浮名"而牺牲赏心乐事的一种自负。

《鹤冲天》是柳永的年少之作,可以"拟把疏狂图一醉",可以倚仗着自己的才华,对酒当歌,但是现在呢?柳永写这首《蝶恋花》的时候已到暮年。"强乐还无味",即便强作欢颜,也寡然无味了,为什么?因为我已经不再轻狂年少了,来到了人生的暮年,是时候反思自己这一生了。"衣带渐宽终不悔",但是我仍然不后悔,为什么?"为伊消得人憔悴",因为我曾经有过理想,这个"伊"无论是指柳永现实中喜爱、相思、怀念的一个女子,还是柳永对他年少时那种生活态度的体认,这个"伊"都是柳永当年真心付出过、投注过的一个对象。《古诗十九首》(行行重行行)里有"相去日已远,衣带日已缓"的诗句,"衣带渐宽终不悔,为

▶ 迦陵学舍雪景

伊消得人憔悴"或许正是从这两句演化而来,但古诗显然表现得较为含蓄、平和。与之相比,柳永的表达更直白,感情更浓烈,态度更决绝。

柳永的这首《蝶恋花》原本与成大事业、大学问并无关联,为什么王国维可以从里面解读出成大事业、大学问的第二重境界呢?当我们经历了第一重境界——在孤独中登高望远、反省思考后,为自己认定了一个前行的方向,我们就会来到第二重境界。"满堂兮美人,忽独与余兮目成"(屈原《九歌》),找到了一个目成心许的目标和方向,这就是儒家说的择善、固执、殉身无悔的感情。你既然选定了一个目标,这个目标可以是一个人,可以是一段情、一种信仰，或是一门学问。但是，你选定了它之后，就要执着地付出。要有一种持守、一种坚持，然后付出殉身无悔的感情。在这个阶段，选择目标是非常关键的，制定的目标必须是善的，也必定是你所爱的，才可以固执而殉身无悔。如果目标本身不是善的，那么你殉身无悔的坚持就毫无价值和意义；如果目标不是你所爱的，就无法投注殉身无悔、矢志不渝的这份深情。所以，择善、固执、殉身无悔的感情是在第二重境界里强调的。

第三重境界

当一个人认定了目标,又付出了努力,甚至已经达到了殉身无悔的境地的时候,自然而然就会来到成大事业、大学问的第三重境界——"众里寻他千百度。蓦然回首,那人却在,灯火阑珊处。"这几句词,出自辛弃疾的《青玉案·元夕》:

> 东风夜放花千树。更吹落,星如雨。宝马雕车香满路。凤箫声动,玉壶光转,一夜鱼龙舞。
> 蛾儿雪柳黄金缕。笑语盈盈暗香去。众里寻他千百度。蓦然回首,那人却在,灯火阑珊处。

这首词的上半阕写元宵之夜的盛况,下阕仍然在写"元夕"的欢乐,只不过上阕写的是整个场面,下阕写一个具体的人。辛弃疾在他的原作中，也没有想写成大事业、大学问的第三重境界，妙手偶得，偶然之间，他把这种境界、这种成功后的喜悦，或者说这种觉悟写了出来，点醒了大家。

本词的开头"东风夜放花千树"，就在极力渲染元宵佳节的热闹景象：满城灯火，满街游人，火树银花，通宵歌舞。"东风夜放花千树"，"东风"就是春风，"花千树"，如此地饱满，如此地繁盛，"更吹落，星如雨"。就是在元宵佳节这样一个夜晚，我们看周边的环境，出现的意象是"宝马雕车香满路"，乘着香车宝马而来的，而且是"凤箫声动"，说的是声音，听觉上的感受。"玉壶光转，一夜鱼龙舞"，说的是这种繁华、繁盛。然而，作者的意图不在写景，而是为了反衬"灯火阑珊处"的那个人的与众不同。梁启超说"自怜幽独，伤心人别有怀抱"，认为此词有寄托，可谓知音。上阕写元夕之夜灯火辉煌、游人如云的热闹场面，下阕写不慕荣华、甘守寂寞的一位美人形象。美人形象便是寄托着作者理想人格的化身。那上阕的灯、月、烟火、笙笛、社舞，交织成的元夕欢腾，那下阕惹人眼花缭乱的一队队丽人群女，原来都只是为了那个意中之人而设。而且，倘若无此人，这一切又有什么意义与趣味呢？

我们要注意，因为辛弃疾在最后写到了"那人"，写到了这个"他"，所以辛弃疾元宵佳节的外出，他听到的这些凤箫声动，他看到的这些繁盛之景，如果没有"他"，一切都没有依凭，这次出行就白白辜负了。因为有"他",这一切才显得如此美好,繁华热闹才与"我"有关,"我"来这里就是为了寻"他"。如果"他"不存在、"他"没有找到,这些繁华就都是一个对立、一个落差,与"我"无关。因为"我"在元宵佳节的夜晚出门,本不是奔着"宝马雕车香满路"来的,也不是为了看这些"蛾儿雪柳黄金缕"来的,这些都与"我"无关,"我"其实是来寻找"他"的。"众里寻他千百度","我"就是来看"他",就是来找"他"。"蓦然回首,那人却在,灯火阑珊处",不经意间的一次回眸才发现,"他"其实已经在灯火阑珊处了。正所谓"尽日寻春不见春,芒鞋踏遍陇头云。归来笑拈梅花嗅,春在枝头已十分"(佚名《悟道诗》),有心去找的时候一直没有找到,一直没有发现,没有想到归来后不经意的一瞥,却发现,十分春意已在枝头。

在辛弃疾的这首《青玉案·元夕》中,他有成大事业、大学问的第三重境界的期许吗?没有。"众里寻他千百度。蓦然回首,那人却在,灯火阑珊处"只是写出了一种乍见之惊喜、妙悟之感叹。顾随先生对这几句词的评价很高:

此是文心中一种最高境界,千古秘密,偶被稼轩捉来,于笔下露出些子端倪,钉住虚空,截断众流。

——《稼轩词说》

这样一种妙悟神会很难捕捉，偏偏被辛弃疾捕捉到了，真是写出了见道者觉悟之后的一种妙心神会。描述这种得道之后、觉悟之际的作品很少。一方面，可能是因为能够达到这种境界的人原本就很少；另一方面，即便有人达到了这种境界，也很难恰如其分地把它描绘出来。顾随先生当然也读过王国维的《人间词话》，他对王国维所说的成大事业、大学问的三重境界有着自己别样的视角：

> 此三种境界，若依衲僧参禅工夫论之，则一是发心，二是行脚，三是顿悟。
>
> ——《稼轩词说》

顾先生把王国维的三重境界重新命名，第一重境界是发心，就是要独上高楼，高瞻远瞩，对自己要有这样一种期许。第二重境界是行脚，也就是要付出执着的殉身无悔的努力，践行、持守。第三重境界是顿悟，也就是乍见之惊喜，顿悟之后的那种妙心神会。

钱锺书先生则结合治学的不同阶段，对王国维的三重境界有着自己的体认：

> 求学之先，不着成见，则破我矣；
> 治学之际，摄心专揖，则忘我矣。

> 世间学问所证，至有我无我，在我非我一境而止。
>
> ——《管锥编》

"破我""忘我""无我"，这三个不同的层次，譬喻得也很神妙。大家看，王国维从晏殊、柳永、辛弃疾的词中"断章取义"组合成的成大事业、大学问的三重境界，被顾随先生用来阐释修行，被钱锺书先生用来比喻治学、做学问，也都可以自圆其说。就像清人王夫之《姜斋诗话》里所讲的："作者用一致之思，读者各以其情而自得。"

但是，王国维最后也说了，"以此意解释诸词，恐为晏、欧诸公所不许也"。为什么呢？因为这是读者由原作展开的联想。优秀的文学作品，应该能够引发后世读者的感发之力，读者根据自己修养境界的深浅高下，可以不断充实、丰富，甚至感发出作者未必有，而读者未必不能有的一种境界、一种品格与修养。正如清人谭献《复堂词录·序》里所讲的："作者之用心未必然，而读者之用心何必不然。"

"文明新旧能相益"，古典诗词可以不断引发后世读者的思考，在与新时代、新文明的交会中彼此增益。这或许正是古典诗词与当代文化相适应、与现代社会相协调的时代性的体现，也正是一代又一代学者、"讲诗人"赓续诗教精神的所在。

第三章

心理东西
本自同

我们在前面提到过1931年陈宝琛先生送给哈佛燕京的一副联语："文明新旧能相益，心理东西本自同。"上联是讲新旧文化之间不仅可以共存共生，而且可以彼此增益。我们接下来就来谈一谈下联"心理东西本自同"。

中国的古典诗词中有着丰富的社会人生和鲜活的生命体验，可以超越国界，引领不同地域的读者在诗词经典中感受生命的激荡。正所谓"东海西海，心理攸同"！地球上共同居处的人们，虽然有着不同的国度、肤色、语言和文化，乃至不同的信仰，但是我们生而为人的喜怒哀乐爱恶惧的情感是相通的。从人性中的共通之处来解读中国古典诗词，应该是叶嘉莹先生讲诗的一个重要特征。

人同此心,心同此理

我们在前面提到了王国维对叶嘉莹先生的影响,也谈到了王国维在《人间词话》里提出的"三重境界"。接下来,我们不妨从王国维的《人间词》中选出一首,看看随着西方哲学、美学的引入,王国维这样的知识分子,如何借助"旧"词体,表达"新"哲思和"新"意绪。我们来读王国维的一首《蝶恋花》:

百尺朱楼临大道。楼外轻雷,不间昏和晓。独倚栏干人窈窕。闲中数尽行人小。
一霎车尘生树杪。陌上楼头,都向尘中老。薄晚西风吹雨到。明朝又是伤流潦。

"百尺"是形容楼势之高拔,"朱楼"是形容楼状之华美,但是这个"百尺朱楼",它"临大道",也就是说,它位于通衢大道的旁边。如果可以把"百尺朱楼"比作我们的理想的话,那"大道"就是红尘俗世中的现实生活,而理想与现实之间,王国维用了一个"临"字,写得很妙。"百尺朱楼临大道",理想与现实之间是接近的,是靠近的,但理想又是高于现实的。现实是什么呢?在大道之上,"楼外轻雷,不问昏和晓"。"楼外轻雷",因为临着通衢大道,所以楼外自然是人来人往、车马喧嚣,而且这种喧嚣"不问昏和晓",是一直持续的,没有停止的。其实也就是说,在红尘俗世之中,大家都很忙碌、很辛苦,仿佛永远没有停下脚步的理由和时间。这就是理想的美好与现实的无奈。

但是,有这样一个女子,她居处在百尺朱楼之上,而没有在大道上。也就是说,她是一个坚守理想的女子。"独倚栏干人窈窕",首先我们要注意这个"独"字,我们常常说,耐得住大孤独、大寂寞者成大事业、大学问,孤独是你我都要面对的一个问题。这个女子因为有思考,因为有反省,所以她是"独倚栏干人窈窕"。"窈窕",大家要注意了,《诗经》开篇说"关关雎鸠,在河之洲。窈窕淑女,君子好逑","窈窕"是穴字头。"穴"是什么?是山洞,是深邃,所以"窈窕"不仅是指一个女子有着姣好的容貌和曼妙的身姿,更重要的是说这个女子心灵的美好,有着深邃的思想和丰富的情感。用现在流行的话说,这是一位"知性美女"。这样一位有智慧而又美丽的女子独自站在高楼之上做什么呢?

"闲中数尽行人小",这就显露出一种居高临下而能跳脱尘网的智慧,这是古今中外反复书写的主题。比如,李商隐曾有诗云:"世界微尘里,吾宁爱与憎。"(《北青萝》)钱锺书先生在《管锥编》里也讲:"但丁咏自星辰俯视地球,陋细可哂,世人竟为此微末相争相杀;……弥尔顿咏登天临眺,大地只是一点、一粒、一微尘。"真的是"心理东西本自同"!"窈窕"的女主人公本来在高楼之上,又有着这样一种智慧和思想的高度。更为难能可贵的是,她不是高高地望天,而是俯瞰着人间。这其实也是作者王国维本人的一种象征,他有着智者的思考,对人生和生命有着超乎常人的敏锐感悟,有着脱俗出尘的一面,但他始终无法忘却、放不下的却恰恰是人间,因而他的词集叫《人间词》,他的词话叫《人间词话》。这个"闲"字也值得细细品味,因为这个"闲"跟"不间昏和晓"的"轻雷"恰恰形成了一种对举的张力。在现实生活中,有些人奔波忙碌、熙熙攘攘,而有些人豁达洒脱、淡定自然,这是两种不同的人生态度。只有对人生和生命有深刻的思考和体认,才能对人间有超然局外的智慧观照,才能"闲中数尽行人小"。

但是,下阕的视角突然间转变了,"一霎车尘生树杪"。"一霎"是一刹那,车辆疾驰而过,尘土飞扬,直逼树梢。"陌上楼头,都向尘中老。"我们看这个时候,视角已从站在高楼上俯视路上众人的女子,切换成了另一个更加高高在上的视角。他不仅俯瞰着路上的行人,甚至连高楼之上的女子也都在他的视线之内,所以是"陌上楼头,都向尘中老"。"陌上楼头","陌上"是路上的行人,"楼头"是高楼之上有理想、有智慧的人,但是无论世俗中所谓的智、贤、愚、拙,又有什么分别?他们在"车尘生树杪"的转瞬之间,"都向尘中老"。"陌上楼头,都向尘中老"是整首词最悲哀的两句。"陌上楼头"之辽阔、广泛,"尘中"之痛苦与"老"之悲哀!智者也好,凡人也罢,最后的结局都是相同的,都逃脱不了"尘中老"的结局。正如莎士比亚《十四行诗》中所言"一切少男少女皆将如扫烟囱者同归于灰烬"。红尘琐事的无奈,日渐衰老的悲哀,都是我们无力抗拒和无法改变的。这两句是王国维敏锐的自我反省,更是从古至今所有善于观察人生却无力把握命运的智者的悲哀。

"薄晚西风吹雨到。明朝又是伤流潦。"清晨到黄昏,"轻雷"终于带来了风雨。如同雨到尘消,朱颜亦随岁月消退。末句的"伤"字意有何指呢?陌上楼头,富贵贫贱,都不过是雨后"流潦"。这依然是一个高高在上的超越于高楼之上的视角。"薄晚"就是慢慢地天黑了,"西风吹雨到"又把我们拉进了现实之中,因为这样突如其来的一阵风雨,寓示着变化无常而又难以预测的命运。"明朝又是伤流潦","又"意谓循环往复,重蹈覆辙;"流潦"就是雨过之后地上的积水,非常污浊,路也会变得不好走。这一双声词的结束,也给人一种仓皇促节之感。这其实是一种生活的常态,是人们时时都要面对的问题。以景语作结,用明天天气会比今天更坏来烘托离人愁上加愁的悲哀。

王国维《蝶恋花》这首词传递出的时间无情、命运无定等诸多感慨，恐怕是我们每个人心中都有的吧！古典诗词传递的情感中，很多都具有人同此心、心同此理的人类共通性。说诗讲词，正是要传讲出诗词中这份超越时空的文学经典深入人心的永恒魅力。

微妙的巧合

叶嘉莹先生想以世界文化历史为背景和坐标,对我国古典文学的意义与价值做一些有益的、创新性的探索,所以在讲解诗词时,也结合了一些西方的理论。叶先生曾指出,自己并不愿意勉强用西方的文学批评理论来评说中国的文学,因为难免会有过分牵强之感,只是在教学科研实践中,发现中西方文学理论之间确实存在着一些非常微妙的巧合之处,所以取二者之可通者而融会之,并非全部地袭用。

比如,叶先生多年来一直致力于探求小词的评赏标准。究竟哪些词是好词?如何评价一首词作的优劣短长?叶先生就结合了一些西方的文学理论,如符号学、接受美学等,提出了"小词的好坏在神不在貌,是在它精神品质表现了什么,而不在它的外表写的是什么"(《谈中国诗词文本中的多义与潜能》)。我们不妨举

▲ 叶嘉莹先生阅稿

一首《花间集》中的小词为例,那就是韦庄的《思帝乡》:

> 春日游,杏花吹满头。陌上谁家年少,足风流。
> 妾拟将身嫁与,一生休。纵被无情弃,不能羞。

韦庄,曾在五代时期做过前蜀的宰相。作为"花间词派"的代表作家,他的词还是以美女、爱情为主要书写内容,但他主观的用情态度、劲直的说话口吻的确能够引起读者的感发与联想。《思帝乡》这首小词正是韦庄的代表作。

"春日游",大家都有过春游的经历,但是韦庄说得很妙,"一年之计在于春",春日是一年中最美好的光景,往往也象征着我们一生中最美好的年华。春日里,万物萌生,我们往往会做各种计划,真的充满了生命的觉醒、情感的跃动。那么,在春日这样一个草木萌发、昆虫起蛰的时节,"游"一个字就把春游的人给拉进了画面,人物登场了。这位"游春"之人的"春心"是否将随桃红柳绿、莺飞蝶舞的"春物"而萌发跃动?"杏花吹满头",则写出了景物与人物之间的联系。"红杏枝头春意闹"(宋祁《玉楼春·春景》),春天的"杏花"繁盛艳丽,引人注目。我们要注意,"杏花"是植物,是外在的景物,"满头"就是人,这样,外在的景物与人物之间就产生了一种非常密切的接触。二者之间产生关联的动词是"吹",吹是什么?吹动、吹开、吹拂,它是一个非常活泼、非常有撩拨之意的动词。这杏花吹到了头上,给我们的感觉不像是花落春归时候的那种悲哀,反而是这种花开到了最为繁盛之时,偶尔有几片花瓣飘落之际的那种感发。"满头",则体现出自然界的物象和游春之人之间的互动、接触是如此饱满——它已经及身满头了。"杏花吹满头",也就从外在的物象自然而然地关注到了游春之人,关注到了她的内心,她的情感,她的思想。

"陌上谁家年少,足风流","陌上"是游春之地,是仕女云集的地方,可以引发人们丰富的联想。"谁家年少"表现出期望的真诚、选择的郑重,"足风流"又体现出了对未来圆满爱情的最美好的期许。

接下来的一句仍然是上六下三的节奏,"妾拟将身嫁与,一生休"。与上一句句式完全一样,前面的六字句每两字一停顿,形成一波三折的气势,最后以一个三字句结束。但是,这里所要表达的,是对于情感之执着的那种深情。"妾拟将身嫁与,一生休"就是说我愿意自我奉献。所以,第一个六三的停顿,表现的是一种期待之理想,第二个六三的停顿,表现的是一种自我奉献之深情。"妾拟将身嫁与"一句中的几个舌齿音,从韵律、节奏和声音中,清晰而有力地表达了执着付出、坚毅无悔的情意,直抵人心,令人动容。

最后的结尾,"纵被无情弃,不能羞",是说我的这种付出是执着而不求回报的,即使最后被抛弃了,也无怨无悔,仿佛是两句誓言。在这首词里,主人公那种用情之态度、殉身之精神,就与儒家"择善固执"的品德,与《离骚》中"九死未悔"的情操,在本质上有了某些暗合之处。可以引发读者多方面的感动与联想,比如君臣、夫妇、亲朋之间的人伦之爱,或者是对事业、理想、信仰的精神之爱。

叶嘉莹先生曾指出,从男女之间相思爱慕的感情引起喻托的联想,还不仅是中国诗歌的传统,也是西方文学的传统。不管你爱慕的是什么,是理想、事业、宗教等,在人世之间最具体、最鲜明、最强烈、最容易引起人们共鸣的还是男女之间的相思爱慕之情。这正是词这种本来只是歌筵酒席之间毫无深远意义和价值的歌曲，后来竟可以引申出这样深广寄托的含意的主要原因。这样一讲，韦庄的《思帝乡》是否也能够引发您更多的兴发感动呢？诗词，可以这样讲！

弱德之美

在张惠言提出了"比兴"说、王国维提出了"境界"说的基础上,叶嘉莹先生针对词体的美感特质,提出了"弱德之美"。这种美感所具含的乃是在强大的外在压力下,所表现的不得不采取约束和收敛的属于隐曲姿态的一种美。这种质素的显现并不全在于作者显意识的活动与追求,而是由于作者在作品显微结构中所无心表现出来的一种隐意识的无意呈现。弱德不是弱者,弱者只趴在那里挨打,弱德就是承受、坚持,还要有自己的一种操守,要完成自己。我们不妨来读一读朱彝尊的《桂殿秋》:

思往事,渡江干。青蛾低映越山看。
共眠一舸听秋雨,小簟轻衾各自寒。

在清末民初著名词学家况周颐看来，这首《桂殿秋》堪称"清词之冠"。那么，这首小词的好处究竟在哪里呢？

这首词中的语汇和意象蕴含了能够引发读者丰富联想的巨大潜能。就像我们前面提到过的，王国维从晏殊、柳永、辛弃疾的词句中解读出"三重境界"，正是由于优秀词作都蕴含了某种足以引起读者联想的潜能。朱彝尊的这首《桂殿秋》，引起人们感发联想的关键是在结尾两句"共眠一舸听秋雨，小簟轻衾各自寒"。"舸"是什么？是舟、小船。我们想想，跟"舟"相关的成语有哪些呢？"风雨同舟""同舟共济""逆水行舟"……都是用舟和船喻示人生处境。"舟"或者"舸"，这个意象有什么特点呢？同舟之人是为了一个共同的目标——从此岸到彼岸——临时组成的一个集体。比如，在家庭中的父子、母女、姐妹、兄弟的关系，求学时期的同窗、室友，工作时期的同事、合作伙伴……都是因为有着一个共同的目标，在一个特定时期内相聚在一起的。"共眠一舸"四个字，既写明了两人相处如此之近，又暗示了想与之亲近的强烈的主观愿望。"听秋雨"三个字则暗示了无眠的苦况，又与"共眠"二字形成强烈的反讽。而后句的"小簟轻衾各自寒"七个字，写的是外在客观环境之约束，所造成的难以逾越的痛苦。"簟"是什么？是身下的席子。"衾"是什么？是身上的薄被。"小簟轻衾"，如果用最通俗的话来讲，就是被窝儿——在这个世界上最低限度的真正属于我们个人的空间，是我们每个人生活在人世间的最基本的处境。但是,"簟"前面加了个"小"字,"衾"前面加了个"轻"字,"小"有拘限、局促的意味,而"轻"呢?有凉薄、不够安稳之意。"小簟轻衾"就使人感到一种最为无助与无奈的境遇,而后面还有"各自寒"三个字,更表现出一种无奈、无助之中,对于外在凄寒的独立忍受和承担。你有你的"小簟轻衾",我有我的"小簟轻衾",你的孤独寒凉,我无从真正知晓;而我的寂寞苦痛,你也无法完全感知。茫茫人海中,即使像你我这般亲近,可以同处一舟之内,彼此之间的隔膜却是如此无奈而又真实地存在。每个人都有着无法与人言说的孤独寒冷,只能独自忍受和承担,这也正是人世众生在苦难中一种普遍的共相。这种忍受和承担的精神,就代表了一种"弱德之美"的品质。所以,朱彝尊的这两句词,"共眠一舸听秋雨,小簟轻衾各自寒",或许作者原意只是写对往事旧情的一种追忆,然而在写作过程中无意间用到的语法和词汇,却真实地描绘了主观内在愿望与客观外在约束之间的强烈对比和反差,从而赋予了文本足以引起读者人生感发联想的巨大潜能和共鸣,进而能够从个人具体情事中跳脱出来,喻示了芸芸众生"天教心愿与身违"(李煜《浣溪沙》)的共同处境,表现了一种不易察觉却又普遍存在、你我共有的弱德之美。

"共眠一舸听秋雨,小簟轻衾各自寒"的孤独隔膜的人世共相,与鲁迅先生所说的"人类的悲欢并不相通"(《而已集·小杂感》)何其相似?每个人的悲欢并不完全相同,毕竟每个人的人生经历、阅读积累、生活体验不尽相同，很难真正做到感同身受。

捷克作家卡夫卡（他的代表作有《变形记》《城堡》等），也曾说过："我在自己的家里，在那些最好、最亲的人中间，感觉比陌生人还要陌生。"（《致菲利斯》）"母亲对我的爱，正如她对我的不理解一样深。"（《致菲利斯》）也就是说，世界上本就不存在能完全体会自己感受的人，即使是亲如母子、情同伴侣，也无法避免这种隔膜和疏离。大家看，无论是西方的小说，还是中国的古典诗词，真正优秀的作品，都在于对人类情感共通性的发掘与表现，而从人类情感共通性上来解读，古今中外的优秀文学作品之间确实有共同之处。

2008年12月，叶嘉莹先生荣获首届"中华诗词终身成就奖"。颁奖词特别指出："叶嘉莹是誉满海内外的中国古典文学权威学者，是推动中华诗词在海内外传播的杰出代表。她是将西方文论引入古典文学从事比较研究的杰出学者，其诗论新意迭出，别开境界，在我国学术界产生了重大影响。"

以诗歌为代表的文学经典，传播的不仅仅是"画面"，更传递着中国人的思维方式、情感态度与价值判断。不同地域、不同国度的读者都可将自己的生命体验代入，让千百年前的经典作品超越时间、空间、民族、国家界限，活在当下，诉说当代人的生命感悟。建立在这种理解之上的认同感和归属感，更能够凝聚起一种文化自信，激活共同的文化记忆；而在世界范围内，可以真正推动中国优秀传统文化"活起来"，"走出去"。

▲ 陪叶嘉莹先生颁发奖学金

掬水月在手

2020年上映的叶嘉莹先生的文学纪录电影《掬水月在手》，记录了这位古典诗词大师的传奇人生，将叶先生的个人生命与千年中国古典诗词交织在一起，表现了她在诗词长河中追寻理想的价值。影片将叙事、述志与写意融为一体，以诗境表现叶先生的一生及其精神世界，是一部弘扬中国传统文化，兼具艺术价值、文学价值、思想价值的作品。影片播出后广受赞誉，并获得了第33届中国电影金鸡奖最佳纪录/科教片奖。

这部影片的英文标题，不是直接翻译"掬水月在手"这句古诗，而是采用了莎士比亚十四行诗里的一句"Like the dyer's hand"——染匠之手。我觉得这是一个很好的比喻，当我们的双手在一个环境中浸润得久了，不由自主地，我们的指甲缝里、皮肤组织里就会带有"染料"的颜色。寓意诗词之于叶嘉莹先生，就

▲ 电影《掬水月在手》剧照

好比染料之于染匠，浸润已久，就会留下洗不去的色彩。叶嘉莹先生一生与古典诗词相伴，她曾说过，"古典诗词不仅仅是我创作的工具，不仅仅是我教研的对象，而是支撑我走过苦难的力量"。在诗词的浸润和滋养下，相信我们也可以获得引领和提升。

　　说到东西文化之间的交融，这里不妨举一个例子。"冬天已经到了，春天还会远吗？"这句诗，大家一定很熟悉吧？这是英国诗人雪莱的代表作《西风颂》中的名句。80多年前，也就是1943年春，抗战最吃紧的时候，在北京辅仁大学的课堂上，顾随先生就把这两句诗翻译成了旧体的诗词："耐他风雪耐他寒，纵寒已是春寒了。"每个人面对困境,都应该有这样的坚守和执着。当时,叶嘉莹先生还是辅仁大学的学生。她在课堂上听了顾随先生的翻译后很受启发,课后填写了一首《踏莎行》:

用羡季师句,试勉学其作风,苦未能似。

烛短宵长,月明人悄。梦回何事萦怀抱。撇开烦恼即欢娱,世人偏道欢娱少。

软语叮咛,阶前细草。落梅花信今年早。耐他风雪耐他寒,纵寒已是春寒了。

这是 1943 年春,还是在校大学生的叶嘉莹先生在沦陷区的北平写的一首词。当时,叶先生还不满 20 岁,却已有"撇开烦恼即欢娱,世人偏道欢娱少"的达观体认。十几年后,叶先生已经到了台湾,顾随先生从北京迁居到天津。1957 年,顾随先生在天津也填写了一首《踏莎行》,结句也正是用了这两句翻译。顾先生的这首《踏莎行》前边的小序是这样写的:"今春沽上风雪间作,寒甚。今冬忆得十余年前困居北平时曾有断句,兹足成之,歇拍两句是也。"

昔日填词,时常叹老。如今看去真堪笑。江山别换主人公,自然白发成年少。

> 柳柳梅梅，花花草草。眼前几日风光好。耐他风雪耐他寒，纵寒已是春寒了。

大家读到"耐他风雪耐他寒，纵寒已是春寒了"时，是不是也感受到格外有力呢？从这里的风雪，我们再回到叶先生的文学纪录电影《掬水月在手》这部影片的结尾镜头，也是颇令人回味的——在白茫茫的雪地上，有一行鸟走过的足迹。大家会联想到什么呢？

"雪泥鸿爪"！是啊，我们不妨读读苏轼的这首《和子由渑池怀旧》：

> 人生到处知何似，应似飞鸿踏雪泥。
> 泥上偶然留指爪，鸿飞那复计东西。
> 老僧已死成新塔，坏壁无由见旧题。
> 往日崎岖还记否，路长人困蹇驴嘶。

这首诗作于苏轼赴陕西凤翔做官，途经渑池（今属河南）之时。宋仁宗嘉祐元年（1056年），苏轼与弟弟苏辙赴京应试途经渑池，同住县中僧舍，并一同在壁上题诗。五年之后，苏轼被任命为凤翔府签判，苏辙送行到郑州，分手回京。苏轼行经渑池时，收到了苏辙归京后寄来的七律《怀渑池寄子瞻兄》，于是苏轼写下了这首和作。此诗前四句一气贯串,自由舒卷,超逸绝伦,散中有整,行文自然。首联两句,以雪泥鸿爪比喻人生。一开始就发出感喟,有发人深思、引人入胜的作用,并引起下联的议论。次联两句又以"泥""鸿"领起,用顶针格就"飞鸿踏雪泥"发挥。鸿爪留印属偶然,鸿飞东西乃自然。偶然故无常,人生如此,世事亦如此。他用巧妙的比喻,把人生看作漫长的征途,所到之处,诸如曾在渑池住宿、题壁之类,就像万里飞鸿偶然在雪泥上留下爪痕,接着就又飞走了。这个比喻非常生动而深刻,所以后来便有了"雪泥鸿爪"这个成语,人们用以比喻往事遗留下来的痕迹。人生的遭遇既为偶然,则当以顺适自然的态度去对待人生。果能如此,怀旧便可少些感伤,处世亦可少些烦恼。苏轼的人生观如此,其劝勉爱弟的深意也正在此吧。

"雪泥鸿爪"的比喻,确实诗心灵慧、妙不可言。其实西方也有类似的说法,比如"人生一世就是把名字写在沙上",又如英国诗人济慈的墓志铭就是"此地长眠者,声名水上书",等等。余光中先生还专门写过一首《吊济慈》的诗,里面有这样两句:"谁说你的名字是写在水上?美的创作是永恒的欢畅。"古今中外的诗人都会因为优秀作品的传世,而真正实现生命的永恒吧?人心不死,诗歌永存!

从20世纪50年代起,唐代诗僧寒山的诗就远涉重洋,传入美国。美国"垮掉的一代"将寒山奉为偶像,其诗一时之间风靡欧美。1999年,美国国家图书奖得主查尔斯·弗雷泽尔的获奖作品《寒山》[1]是一部以美国内战为背景的小说,但作者以《寒山》为书名,并在小说扉页引用了寒山的诗句,可见寒山对当代美国作家的影响。2022年,意大利女宇航员萨曼莎·克里斯托弗雷蒂在国际空间站执行任务时发布了一组太空摄影作品,配上了中国著名书法家王羲之的《兰亭集序》。更早一些,美国特斯拉创始人兼首席执行官——马斯克也曾借曹植的"七步诗"来传情达意。

"心理东西本自同",中国的古典诗词作为中华文化精神的重要载体与宝贵思想源泉,潜移默化地传递着中华文化对人类共同价值的追寻和探索。诗词,可以这样讲!

---

1. 这部小说后被拍成电影,电影翻译名为《冷山》。

第四章

只是征行自有诗

宋代诗人杨万里曾有诗云："闭门觅句非诗法，只是征行自有诗。"[《下横山滩头望金华山四首》（其一）]就是说啊，真正的好诗，不是闭门造车就能创作出来的，好诗源自现实生活，行万里路与读万卷书是同样重要的。顾随先生说："学诗至少要有一半精神用于生活。"（《驼庵诗话》）优秀的诗词创作，脱离不了现实生活的基础；深入人心的诗词讲解，更离不开现实生活的融入。

　　叶嘉莹先生就曾多次强调，凡是一流的诗人，都不是用文字写诗，而是用自己的生命去创作、用自己的生活去践行的。更妙的是，后世读者还可以从诗人的感动引发联想，结合自己的生活阅历、文化背景，生发出新的感动。这种感发生命的感动是生生不已的。诗人的美好生命借由诗作承载，等待后来的读者在历事炼心的生命历程中再度激活与感发，"只是征行自有诗"！

工夫在诗外

宋代大诗人陆游给自己儿子传授写诗经验时,曾经说"汝果欲学诗,工夫在诗外"(《示子遹》)。也就是说,如果你真要学习写诗,不仅是字词句式,还要有更深的人生体悟。作诗的功夫,在于诗外的历练。叶嘉莹先生讲诗,有时候也会因偶发的事件,便与前贤千古神接,仿佛已将自己的生命与诗词熔铸在一起。这里,我可以给大家举一个事例。记得10多年前,我在加拿大不列颠哥伦比亚大学访学时,租住在叶先生家,叶先生每日服用的中药就由我来煎熬。有一次,我熬好了中药,去室外的垃圾箱倒药渣,不小心将药锅摔碎了。沮丧的我进屋告诉叶先生自己的过失。没想到叶先生居然马上诵起了虚云法师的《开悟偈》:"杯子扑落地,响声明沥沥。虚空粉碎也,狂心当下息。"我坐定后,叶先生又说起当年在北京时曾听伯父讲过孟敏"甑已破矣,顾之何益"的故事。当时,她的感受就如同读《论语》"朝闻道,夕死可矣"的话一样,灵光一闪,受益终生。这个故事大家可能都听说过,就是孟敏带了口锅在路上走着,一不小心锅掉在了地上,摔得粉碎。孟敏不但一点也不惋惜,反而头也不回地加紧脚步走了过去。旁边的人看到这种情形,觉得非常奇怪,于是便问他原因。孟敏说:"这锅既然已经摔破了,再回头看它又有什么用呢?"

是啊,"只是征行自有诗"!诗词,源自生活,最集中书写的主题就是征行之路上的各种人生感悟。我们不妨一起来读一首晏殊的《浣溪沙》:

一向年光有限身,等闲离别易销魂。酒筵歌席莫辞频。
满目山河空念远,落花风雨更伤春。不如怜取眼前人。

这首《浣溪沙》虽然是一首小令,它蕴含的却是无限的人生感慨。它不是写一件具体的事情、一场具体的离别,或是一次具体的伤春,而是比较集中地涵盖了我们人生之路上的一种常态。"一向年光有限身","一向",即一晌、一会儿。片刻的时光啊,正如我们有限的生命!词人的哀怨是永恒的,那是无法抗拒的自然规律。惜春光之易逝,感盛年之不再,虽然是晏殊词作中常有的慨叹,但这里强烈而直接地呼喊出来,更有震撼人心的效果。我们每个人的个体生命都是如此匆促,这是第一层的悲哀。如果在这短暂的一生中,我们感受到的都是美好和甜蜜,所有的愿望都能够实现,所有的理想都能够实现,可以跟我们相亲相爱的人永远相知相伴,那么这短促之年命犹可说也。接下来,第二句就将我们带入了更深一层的悲哀,"等闲离别易销魂",在我们短暂的一生中,要经历多少悲欢离合,又要面对多少生离死别?而且,离别实在是太多了,太常见了,所以是"等闲离别"。"等闲"二字,殊不等闲。离别那么轻易地、寻常地就来临了,这是更令我们沉痛、悲哀的。可是词中所写的,不是去国千里的生离,更不是沥泣抆血的死别,而只不过是寻常的离别而已!在短暂的人生中,别离是不止一次会遇到的,而每一次离别,都会占去有限年光的一部分,这怎不令人"销魂"呢?

晏殊身居宰相之位,除了具有文人对苦痛的锐敏感受,更有士大夫排遣、慰藉悲哀的办法,所以上阕末句是"酒筵歌席莫辞频"。"酒筵"和"歌席"都是人生中的美好,饮酒、唱歌都是欢乐的情境,"莫辞频",不要推辞。有酒的时候,不要推辞;能听歌的时候,也不要推辞。"频",就是指宴会的频繁。人生本来是短暂而充满苦痛的,但痛苦无益,词人唯有强自宽解,不如对酒当歌,自遣情怀,因此要珍惜当下欢聚的美好和快乐,酒筵歌席就不必推辞。用及时行乐聊慰有限的生命。

词的下阕集中体现了晏殊理性的反思。"满目山河空念远",是说登高后举目四望,目力所及,无边无际,不由得感叹天地之广、空间之大。晏殊这里的反省是富于理性和节制的,因为他加了一个"空"字。也就是说,你对未来的展望是未知和不切实际的。"落花风雨更伤春",凡是锐感之人往往容易由大自然物象变化而感发。当看到花落春去,我们内心会有一种感伤,会感慨时不我与,往事俱成追忆,无可挽回。但是,晏殊说"更伤春",这个"更"字就把"满目山河空念远"与"落花风雨更伤春"这两句给拼接了起来。这种悲哀的感觉又加重了一层,因为无论是展望未来还是回首往事,都是自己不可把握的,那么自己能够把握的是什么呢?"不如怜取眼前人",就是此刻,就是现在,就是当下,大家应该珍重现在自己所拥有的,应该珍惜陪伴你的眼前人,以及你正在做的当下事。所以,下阕最后三句透露出理性的光辉和智者的思考。

"满目山河空念远",这是希冀将来的落空;"落花风雨更伤春",这是留恋过去的无益。无论是希冀将来,还是留恋过去,都不如"怜取眼前人",立足当下,努力现在,只有眼前是可以把握的。所以,"不如怜取眼前人",这个"不如"用得很好,表明了对命运、精神、情绪的一种反省、节制和掌控。无论是什么样的感情,都是有节制、能掌控,才显得更强大、更厚重。

晏殊这种理性的思考和圆融的智慧,是不是跟叶先生借药锅碎了,讲孟敏"破甑不顾"的故事有些相似之处呢?"只是征行自有诗",期待更多朋友能够在自己的征行之路上,遇见诗、成为诗!

跳脱烦恼的智慧

也许有朋友会问:"只是征行自有诗",叶先生在自己的百岁人生中,难免也会被鸡毛蒜皮的琐事烦扰吧?那在现实生活中,如果遇到不尽如人意的地方,又该如何保有诗心呢?下面,我们就来看一首"诗圣"杜甫的作品《缚鸡行》:

小奴缚鸡向市卖,鸡被缚急相喧争。
家人厌鸡食虫蚁,不知鸡卖还遭烹。
虫鸡于人何厚薄,吾叱奴人解其缚。
鸡虫得失无了时,注目寒江倚山阁。

这首诗读起来明白如话,既没有生僻的字词,也没有艰深的典故,好像一读就明白了:一天,杜甫家院子里鸡飞狗跳,闹哄哄的,杜甫心里纳闷啊,赶忙出来看看出了什么事儿。来到院子里一看,家里人正在手忙脚乱地满院子抓鸡呢。鸡当然不愿意束手就擒,所以是又飞又跳,乱得不可开交。诗人就问:"为什么要捉鸡啊?"仆人气喘吁吁地说,"家人厌鸡食虫蚁"。这些鸡啊,总是在院子里走来跑去,东刨西挖地找小虫子、小蚂蚁吃,实在可恶。为了保护虫子和蚂蚁,所以要把鸡抓起来卖掉。杜甫却说"不知鸡卖还遭烹",但是你想过没有,如果把鸡捉住卖到市上,它不也要变成别人的盘中餐吗?"虫鸡于人何厚薄",我们人类到底是应该怜悯鸡,还是体恤虫子和蚂蚁呢?"吾叱奴人解其缚",杜甫就跟仆人说,还是把鸡放了吧。大家看,杜甫写的其实就是日常琐事对我们心灵的侵染和烦扰。"鸡虫得失无了时",如果斤斤计较的话,鸡虫得失的问题就永远存在。只要在人群之中,只要有利益争端的地方,就一定有烦恼,包括我们日常的家庭、单位,肯定有方方面面的矛盾与烦恼。大家想想是不是这样?在家里,兄弟姊妹之间会因为照顾老人的多寡而相互计较,也会因遗产分配的厚薄而产生纷争;在单位呢,就会有评先进、定职称、涨工资等的竞争。我们这一生当中,总有人我得失的利害冲突,时刻会面对鸡虫得失的烦恼。如果计较,它就无处不在,那该怎么办呢?这种困惑、纠结、烦恼,所有人都不可避免地会遇到,杜甫当然也不例外,但他有跳脱烦恼的智慧。

这首《缚鸡行》的成功之处就在于结句通过意象,提供给大家一把智慧的门钥——"注目寒江倚山阁"。"寒江"是远,"山阁"是高,"注目寒江倚山阁",就是转移自己的视线,去望一望远处阔大高远的景物,把自己的精力和时间投注到更加阔大高远的目标和方向上,转而把自己的才华和生命投入更有意义和价值的事情之上,这就是对抗日常琐事烦恼的大智慧。还曾经有人将此句理解为杜甫"注目寒江,独倚山阁",也正是强调登高望远对摆脱世间纠纷的意义。就像林则徐所说的"望远能知风浪小,凌空始觉海波平",无论是面对烦恼还是经历风浪,站得高、看得远,人生确立高远的目标,确实是一种生命智慧。

说到杜甫的这首《缚鸡行》,我个人也深有体会。我在读博士一年级期间,导师要求把仇兆鳌的《杜诗详注》细读一遍,每两周去向导师汇报:看了哪几卷,遇到哪些问题,有些什么思考。有一天,我正在读杜诗,接到一位闺密打来的电话,她说:"这日子没法儿过了。"要知道,我这位闺密在20世纪末结婚时就豪宅、豪车都有了,其老公是她中学的同班同学,两人感情很好。我一直觉得他们就应该是走进童话故事里了。硕士毕业时,她问我:"张静啊,我一直想不明白你为什么还要读博士呢?"我说:"因为我们这个专业的书太多了,我还有很多书都没看呢,所以想再读几年书。"说实话,那天我听到她说"日子没法过了"的时候,感到吃惊和不解。她在电话里跟我讲了很多,比如自己家里给她妹妹出嫁时准备的嫁妆比自己的多了不少啊,大姑子上周带着孩子来连吃带拿了,小姑子这周来又要借钱买房了,等等。我说:"处理家庭矛盾、婆媳关系、姑嫂纷争,我确实没什么经验,但我可以给你讲讲杜甫的《缚鸡行》。"听完之后,我的闺密说:"什么意思?我也去考个博士?"我说,杜甫并没有说让大家都去考博士,但我们遇到琐事烦恼时应该向杜甫学习,学会转移注意力,把自己的时间和精力投注在更有意义的远大目标之上。让我感到欣慰的是,我的这位闺密真的受到了杜诗的启发,从这些鸡虫得失的琐事中跳脱出来,她后来报考了南方一所院校的博士。渐渐地,她们婆媳关系、姑嫂关系变得越来越融洽。当一个人的精神境界得以提升之后,就会惊喜地发现,原先自己纠结的一些人和事并非像自己想象的那般狭隘。当自己从烦恼中跳脱出来,就会发现获得解脱的并非自己一人,而是自己周边的一群人、一组人际关系。

这里,我们不妨再举一个名人的例子。杨振宁先生演讲时,曾经谈及 1949 年自己在普林斯顿高等研究院从事博士后研究时发生的一件事情。原来在杨先生到普林斯顿之前,他在芝加哥大学的时候曾与另外四名研究生一起凑钱(17 美元)交报名费参加了美国报纸上刊登的一个填字比赛。最后胜出者的奖金是五万美元,确实是一笔相当可观的财富,非常有吸引力。所以,他们五位研究生一起认真填写了答案。一个月后,他们收到大赛组织者的回复:"恭喜你们!你们做得很好,答案完全正确。但因为有其他人也提交了正确答案,所以如果你们想得到这五万美元,就请解开另一个更大、更难的字谜游戏。"1949年秋天,杨先生已经来到普林斯顿,他收到这个更大的字谜游戏后,通过电话与先前几位研究生进行了分工,决定尽快解开这个字谜。杨先生分领的工作是把《韦伯字典》上五个字母的单词,其中含有G和W的,表列出来。杨先生几乎是每天24小时待在图书馆,坚持做了一周。到了第七天早晨,杨先生实在太困了,就回租住的房子休息。当时,房东还没有起床。杨先生打开房门就看到地板上的报纸,拾起来打开一看,就看到了当天的头条新闻:"汤川秀树荣获今年的诺贝尔物理学奖。"(汤川秀树也是第一位得到诺贝尔奖的日本人。)当时,杨先生一连问了自己好几遍:"杨振宁,你现在在干吗?"当天,杨振宁先生就打电话通知那四位朋友,宣布自己退出这个字谜游戏的破解小组,转而把所有精力投注在科研上,最终于1957年获得诺贝尔物理学奖。所以大家看,从"鸡虫得失"的计较中跳脱出来,把自己宝贵的精力与时间投注在高远的目标之上,确实是人生的一大智慧。

　　诗词,不仅意味着风花雪月,也可以帮我们从鸡虫得失的俗世烦恼中跳脱出来,成就更具诗意的人生,实在是"只是征行自有诗"!

"诗词是支撑我走过苦难的力量"

在人生的征途上，除了鸡虫得失的烦恼，还会有阴晴圆缺，甚至风雨交加。此时，我们如何保持诗心不变、诗意常在呢？叶嘉莹先生更是经历了少年丧母、青年被捕、中年丧女等诸种打击，所以叶先生说，"诗词是支撑我走过苦难的力量"。怎样才能获得这种力量的加持呢？我们不妨来读一首东坡的代表作《定风波》：

三月七日，沙湖道中遇雨。雨具先去，同行皆狼狈，余独不觉。已而遂晴，故作此。

莫听穿林打叶声，何妨吟啸且徐行。竹杖芒鞋轻胜马，谁怕？一蓑烟雨任平生。

料峭春风吹酒醒，微冷。山头斜照却相迎。回首向来萧瑟处，归去，也无风雨也无晴。

经历了乌台诗案的苏轼，在黄州时期，曾在几个朋友的陪同下到沙湖去。沙湖距黄州 30 里，那里土地肥沃，苏轼想去买几亩田地耕种，养家糊口。这首词前面有一段小序，交代了时间与地点，就是告诉读者这首作品里的所见所闻完全是亲身经历。"三月七日，沙湖道中遇雨"，是说我苏东坡确实有这样一次经历，我是因事而发。三月七日，我们一行人正走在沙湖道中，突然下起雨来。本来我们出发前是有准备的，是带着雨具的，但是出发后发现天气还好，应该不会下雨，所以就让携带雨具的人先走了。可是，一场大雨不期而至，大家的反应就大不相同了。东坡说"同行皆狼狈"，也就是说，跟我同行的其他人都狼狈不堪。为什么大家会感到狼狈呢？大家想想看，所谓狼狈，首先是有一种紧张，下雨了，没有雨伞、没带雨具，内心慌张不安。其次是因为头发湿了、衣服湿了、鞋袜会沾染泥巴。但是，东坡却"独不觉"，丝毫没有感觉到狼狈。为什么在同样的遭遇和境况下，同行皆狼狈，而东坡"独不觉"呢？因为"狼狈"的表现无非是衣帽湿了、鞋袜沾染了泥巴，这都是外在的困扰。在这种情况下，人难免会紧张、不安甚至恐慌，但东坡是有持守、有定力的，这些外在的干扰便无法侵染他的内心。所以，他坦然处之，丝毫不觉得狼狈。"已而遂晴，故作此"，不久后天就放晴了，苏轼突然间有了一种感发，所以写了这样一首小词。

"莫听穿林打叶声"，这一句尽显东坡的笔力饱满，突然而至的大雨"穿林打叶"，雨势迅疾而猛烈，但是我们要注意，苏轼在这里强调的是"莫听",雨以穿林打叶之势倾注而下,内心不免恐慌、紧张,但是我因为有持守和定力,就可以排除外在环境的困扰,从而"莫听"穿林打叶的雨声。

"莫听穿林打叶声",是说内心之中有这种持守和定力,就不会被外在突然发生的事件所左右。但是,难道我就站在雨地里被动地任凭风吹雨打、原地不动吗?当然不是,苏轼接下来说"何妨吟啸且徐行"。这正是东坡的伟大之处。在苦难之中、风雨之下,不仅毫不畏惧,还要朝着自己既定的目标前行,而且是边"吟啸"边"徐行"。如此从容不迫,这是苏轼的力量,是苏轼的持守。苏轼一生可谓跌宕起伏:曾经名重一时,刚一入仕就被认为具有宰辅之才;也多次经历宦海浮沉、身陷新旧党争;被一贬再贬,直到被贬到远在天涯海角的海南儋州;后遇大赦北归时已64岁。北归途中,这位曾经饱受打击甚至命悬一线,如今已风烛残年的天才,却豁达、洒脱地写下了《六月二十日夜渡海》:"参横斗转欲三更,苦雨终风也解晴。云散月明谁点缀?天容海色本澄清。"他说,我根本不需要其他的点缀修饰,因为天容、海色本来就是澄清的,一个人根本不需要靠别人的肯定来证明自己,也根本不需要外在的装饰,因为本色如此。一年后,苏轼在他生命的最后时期写下了"问汝平生功业,黄州惠州儋州"(《自题金山画像》)——如果有人问我,这一生完成了什么、实现了什么,不是当年我20岁出头就科考高中、名动天下,也不是我当年仕途得意,数月连升七级,我这一生真正完成和实现的是我在一次次贬谪之中不仅没有倒下，还尽自己最大的努力做了些有益的事情。"竹杖芒鞋轻胜马，谁怕？一蓑烟雨任平生。"在苏轼看来，一个人只要具备了最低限度的条件、装备，只要有了竹杖芒鞋，就可以出门上路了。并且能够像《论语》里孔子盛赞颜回的那样，身处逆境之中依然可以不改其乐。我们做事情的时候，如果想为自己的"躺平"开脱，总是可以找到理由的："春困秋乏夏打盹儿，冬天还想多睡会儿。"又如，有一首"懒汉歌"："春天不是读书天，夏日炎炎正好眠。秋有蚊子冬有雪，要想读书待来年。"苏轼告诉我们，不要畏难，不要再找各种各样的理由，要秉持"一蓑烟雨任平生"的人生态度，无惧风雨，在自己的征行之路上坦然前行。

这首词的上阕体现儒家的、积极入世的、有担当的一面，下阕则突显了苏轼儒、释、道三种思想的融会。"料峭春风吹酒醒，微冷。山头斜照却相迎"，突然间打了一个冷战，好像就醒了。尤其词中写到了"山头斜照"，使我们很自然地联想到当头棒喝，因为这次经历，仿佛突然间就有了一种觉悟。"回首向来萧瑟处，归去，也无风雨也无晴"，当思想达到一个更高的境界时，再回过头来看前面经历过的风雨也好，阴晴也罢，就会产生"也无风雨也无晴"的顿悟。

人生之路，难免有阴晴风雨，"只是征行自有诗"，无论在什么样的环境之中、境遇之下，诗词，都可以成为我们的良师益友，相伴我们风雨征行的人生之路。

真正的好诗富有弹性

我们不妨再举一个例子，看看叶嘉莹先生随着自己人生阅历的丰富、生活境遇的变迁，在自己的"征行之路"上，与同一首诗重逢，会有怎样不同的感受。叶嘉莹先生早年在台湾曾经撰写过一篇文章，题目就叫《从李义山〈嫦娥〉诗谈起》。里面提到自己初读这首诗时只有七八岁，常常在家翻看《唐诗三百首》。不是按照原书的编排次序读，而是对那些没有生字难词、读起来颇为顺口的自己喜爱的作品自选自读。李商隐的这首《嫦娥》诗，便是这样被叶先生自己选读而背下来的。叶先生觉得这首诗里"屏风""烛影""长河""晓星"都是自己认识的事物，"嫦娥偷灵药"而奔月宫，也是自己熟悉的故事。叶先生说自己当时背过之后并未深想，可是数十年以后，当经历了战乱忧患，离开了故乡，而且从台南辗转到台北教书的时候，上课时偶然因"云母"二字的触发,下课后,就在从学校走到车站的路上,又想起了这首诗。心里默诵着这首诗,她蓦然间被诗中那种碧海无涯、青天罔极的高举远慕,以及诗人悲哀、寂寞的心情所感动。此时的叶嘉莹先生正举目无亲、四顾茫茫,幼时无法感同身受的心情,顿时深契于心。她一直记得自己年幼时诵读李商隐《嫦娥》诗,只喜欢其中的故事和画面,20多年后,在饱经乱离、举目无亲的境遇下,重新回忆起这首诗,那种深重的寂寞和悲伤击中心灵的瞬间,是经历世事以后与这首诗的第二次相遇。

我们不妨先一起读读这首李商隐的《嫦娥》:

> 云母屏风烛影深,长河渐落晓星沉。
> 嫦娥应悔偷灵药,碧海青天夜夜心。

"云母屏风烛影深"是写主人公所居处的室内之景,"屏风"而装饰有"云母",可知其精美,"烛影"而掩映于"屏风"之内,可见其幽深,而居处在此精美幽深之环境中的人,则可想见其绰约与深邃。韦勒克和沃伦合著的《文学理论》里曾指出:"家庭的内景可以看作对人物的转喻或隐喻性的表现。一个男人的住所是他本人的延伸,描写了这个住所也就是描写了他。"当然,我们也可以说,诗中对女主人公居处环境的描写,也是在描写她这个人所具有的独特的气质。"云母屏风烛影深"的"深"字最为关键,云母屏风的层层叠叠、烛影的参差摇曳，都象征着女主人公深邃的思想、细腻的情感。

而外在的大环境却是"长河渐落晓星沉"，天快亮了，"长河渐落"，我们渐渐看不清楚天上的银河了。不但是从室内写到室外，而且写出了主人公长夜不眠的景状。银河逐渐西移垂地，行将隐没。"沉"字一方面描绘出晨星低垂、欲落未落的动态，另一方面也反映了主人公逐渐沉下去的心情。"烛影深""长河落""晓星沉"都表明时间已到将晓未晓之际，一个"渐"字就暗示了时间的推移流逝，透露出主人公面对冷屏残烛、青天孤月的那份孤独与寂寞。

"嫦娥应悔偷灵药"，传说嫦娥是后羿的妻子，因为偷吃了西王母送给后羿的不死仙药，飞奔月宫。诗人从大家都很熟悉的嫦娥偷吃灵药的故事中，却读出了"应悔"之意，为什么会做这样的揣度、猜测呢？诗句表面上写嫦娥幽居月宫，历青天而入碧海，循环往复的寂寞和清冷，实则也有诗人的一份天才寂寞心。就像沈从文在《边城》里所讲的："一个人记得事情太多真不幸，知道事情太多也不幸，体会到太多事情也不幸。"凡庸之人或许会羡慕天才的锐感灵隽，殊不知天才更有天才的苦恼，正如陀思妥耶夫斯基所说："对具有高度自觉与深邃透彻的心灵的人来说，痛苦与烦恼是他必备的气质。"正可谓"共在人间说天上，不知天上忆人间"（边贡《嫦娥》）！世间凡人或许还羡慕着月宫之中的嫦娥，其实嫦娥或许也正羡慕我们常人的正常生活呢!"应悔"二字表现出一种同病相怜、同心相应的情感。由于有前面两句的铺垫,"应"字就自然合理了。"碧海青天夜夜心",碧海之无涯,青天之罔极,在这样一个无边罔极的时空中,夜复夜、年复年,嫦娥的那份孤独和寂寞是永远无法改变的。

如果说"云母屏风烛影深,长河渐落晓星沉"写现实生活的"身"的寂寞,那么"嫦娥应悔偷灵药,碧海青天夜夜心"则写出了自赏又自伤的"心"的寂寞。诚如晚唐陆龟蒙所言,"古往天高事渺茫,争知灵媛不凄凉"[《自遣诗三十首》(其十五)]。嫦娥有着嫦娥的孤寂和凄凉,而这份孤寂和凄凉也是我们常人无法体会的。

真正的好诗,是富有弹性的,带给后世读者的感受也是丰富的。李商隐的这首《嫦娥》,叶嘉莹先生在自己学诗、读诗、讲诗的不同历程中,就有着不同的感受。其实,学诗与做人的经历正是如此。"只是征行自有诗",当我们一次次在生活的实践中与曾经熟诵过的诗词相遇,诗词中的修养与品格逐渐内化于心,一旦诗中的人生境遇在某些时刻与自己的处境心境契合,有诗相伴的征行之路,必然会多一些支撑与加持。

▲ 2013年12月,和叶嘉莹先生在台湾诚品书店

第五章

高节人相重

怎样才能写出好诗呢？沈德潜《说诗晬语》里讲："有第一等襟抱、第一等学识，斯有第一等真诗。"也就是说，作诗，与诗人自身的品格、学识、襟抱都有着密切的联系。那么，怎样才能把诗词讲好呢？南京大学张伯伟教授曾经指出，西方的"文学批评"形成一种理性判断的传统，而中国的"说诗"是一种由情感伴随的活动。所以，这就与说诗人本身的气质、修养、品格密切相关了。

叶嘉莹先生常常说，真正伟大的诗人，是用自己的生命来写作诗篇，是用自己的生活来实践诗篇的。这些优秀的诗篇，融入了古代伟大诗人的心灵、智慧、品格、襟抱和修养。而我们讲诗的人所要做的，就是要透过诗人的作品，使这些诗人的生命心魂，得到一次再生的机会。而且，在这个再生的活动中，将会带着一种强大的感发作用，使讲者与听者，或者作者与读者，都得到一种生生不已的力量。在这种与生命相融会、相感发的活动中，自有一种极大的乐趣。叶嘉莹先生的诗词讲解深入人心、大获成功，与她本人的性情、品格、修养、气节有着密切联系。大家仰慕叶先生身上的忘我、执着、坚强、宽仁等品节，听其讲解时，自然就更容易被吸引和感染，"高节人相重"嘛！

为不懂诗的人开一扇门

毫无疑问,叶嘉莹先生对诗词,那是真爱。她曾经说:"我亲自体会到了古典诗歌里边的美好、高洁的世界,而现在的年轻人,他们进不去,找不到一扇门。我希望能把这一扇门打开,让大家能走进去,把不懂诗的人接引到里面来。这就是我一辈子不辞劳苦所要做的事情。"(《红蕖留梦:叶嘉莹谈诗忆往》)

爱因斯坦曾经说过:"兴趣是最好的老师。"对艺术的专注投入、对事业的忘我追寻更是如此,究竟是当作谋生的手段,还是凭自己的兴趣和热忱?我们这里不妨举引一首小诗为例。

南宋著名文学家姜夔,少年孤贫,屡试不第,终生未能入仕。他一生漂泊江湖,靠卖字和朋友接济为生,但他多才多艺,精通音律,擅长填词谱曲,他的词作格律严密,以空灵、含蓄著称。今天,我们一起读一首姜夔的小诗《灯词》,来欣赏一下他笔下的女主人公——一位舞者，追寻艺术的故事中究竟有哪些值得我们玩味的地方。

灯已阑珊月色寒，舞儿往往夜深还。
只因不尽婆娑意，更向街心弄影看。

"灯已阑珊"，就是说时候不早了，到该休息的时候了，"月色寒"指明时节还是在寒冷的秋冬之际。"舞儿往往夜深还"，作为一名舞者，因为工作性质，每天下班时间都很晚。大家想想看，我们下了班，是不是步履匆匆地马上赶着回家？学生们下了晚自习，放了学，也是抓紧时间赶快奔回宿舍吧？但是，本诗中的女主人公——这个舞者与众不同。虽然她下班晚，还是这样寒冷的天气，但是她没有马上赶着回家的那份急迫，反而有一份"只因不尽婆娑意，更向街心弄影看"的从容与沉醉。就是因为她在工作时间内跳舞还没有跳尽兴，所以在回家的路上，就在昏黄的月色下，依然翩翩起舞。也就是说，即使没有了舞台、没有了观众、没有了掌声、没有人给她付演出费了，这个舞者在回家的路上，还可以顾影自怜，还在手舞足蹈。这位舞者对舞蹈的痴迷显然已经进入一个超脱世俗的层次，可以完全不在意是否有观众、是否有掌声、是否有喝彩。她只是由于热爱而流连忘返地投入，并且乐在其中，这种"足乎己无待于外"的自我实现、自我完成才是更高

▲ 陪同叶嘉莹先生在书房签书

的自得其乐的艺术追求的境界。

孔子曾经说:"知之者不如好之者,好之者不如乐之者。"(《论语·雍也》)意思是说,学习知识或本领,知道学习的人不如爱好学习的人接受得快,爱好它的人不如以此为乐的人掌握得好。姜夔《灯词》笔下的这位"舞儿",因为有自己真正心仪的对象、愿意投注的目标——舞蹈,所以哪怕是在回家的路上,哪怕已是深夜,哪怕是在寒冷的环境中,哪怕是无人喝彩,她都不在意,还可以翩翩起舞,因为她已经沉浸在"更向街心弄影看"的那份自得其乐中了。

叶嘉莹先生从 1979 年开始志愿自费回国讲授古典诗词;1989 年从加拿大不列颠哥伦比亚大学退休后,捐出自己退休金的一半——10 万美元,在南开大学设立"叶氏驼庵奖学金",鼓励青年学子传承古典诗词;90 多岁时,不仅依然坚持授课、指导研究生,2017 年还在南开大学捐设了"迦陵基金",并完成了前期捐助 3568 万元,志在全球弘扬中华诗教;2023 年秋在南开大学举办的"中华诗教国际学术研讨会"上,百岁的叶嘉莹先生专门向医院提出申请,来到大会现场,并向与会学者深情地表达:"我是一生一世都以教书为工作、为事业的人,所以我的心目之中,只是要把古人的诗词里面他们那些美好的理想、感情传给下面的年轻人……相信将来我们中国的诗歌的传统,诗歌,诗教,诗对人的感动和教化的传统一定会传承下去的!"叶嘉莹先生身上这份"只因不尽婆娑意，更向街心弄影看"的"乐之者"忘我投入的情怀，是其诗词讲授能够打动人的重要原因。

▲ 2023年10月15日，叶嘉莹先生在南开大学举办的"中华诗教国际学术研讨会"开幕式上致辞

爱上高楼凝望眼

叶嘉莹先生 40 年前曾写过一首《蝶恋花》，表达了自己"爱上高楼"的情志，我们一起来读一下：

爱上高楼凝望眼。海阔天遥，一片沧波远。仿佛神山如有见。孤帆便拟追寻遍。

明月多情来枕畔。九畹滋兰，难忘芳菲愿。消息故园春意晚。花期日日心头算。

"爱上"两个字表明了登高望远已成为作者生活的一部分，这种登高望远不能仅从字面理解，而是表明了立身处事高于尘世的一种精神境界。这首词作于 1983 年，叶先生当时已年近花甲。她饱经风霜、颠沛流离，经历了太多磨难。"凝"字用得好！表达了她对理想和志意的一种庄重、倾注的感情。岳飞《满江红》里是"抬望眼，仰天长啸，壮怀激烈"，岳飞是在问天，叶嘉莹先生一语双关，既是在望故国，又是在追寻一种理想。

那么，高楼之上的女子具有怎样美好的品格呢？我们不妨先一起来读读李商隐的《霜月》："初闻征雁已无蝉，百尺楼高水接天。青女素娥俱耐冷，月中霜里斗婵娟。"这首诗写深秋时节在临水高楼上观赏月白霜清的夜景，不但生动地展示了霜天夜月一片空明澄澈的自然美，还象征性地表现了高楼之上的女子"耐冷"的精神美和人格美。"初闻征雁已无蝉，百尺楼高水接天。"古人往往通过观察大自然的禽鸟虫兽的活动来体认气候的变化、季节的转换。这首诗由秋夜初闻雁声而联想到蝉鸣已绝，言外之意似乎对深秋的高远寥廓、清净绝喧怀有一种欣赏之情，揭示出全诗的情感主调。"水接天"，指秋空明净，月色澄清，月光如水，和天边连成一片。这种霜华月光、似水一色在诗人眼中引起了幻觉似的感受。从听觉转向视觉，从实写转向虚写一种摇落高寒之态、空明澄澈之境。

"青女素娥俱耐冷，月中霜里斗婵娟。""青女"，指神话传说中主管霜雪的女神。"素娥"，即嫦娥，月色洁白，如不施粉黛的美女，故称"素娥"。"俱"强调二者的共性。"婵娟"，本意为美好的姿容，这里特别喻指一种高洁清雅的风姿。这两句将霜月交辉的景象想象为霜神、月神在竞妍斗美，意思是霜神青女、月神嫦娥都特别适宜于清冷的环境,各自在霜中月里呈现自己的本色,仿佛在比赛谁更美丽一般。

诗人将霜月交辉的自然美幻化为霜神、月神斗美竞妍,不但使美好的自然景象具有生动的意态风貌,而且摄取了霜、月的精神魂魄。同时,诗人还进而想象霜、月之神具有特殊的品格修养——"耐冷",她们在清冷的环境中不仅可以生存,毫不瑟缩、畏惧,而且倍增生气精神,充分展示出品格之美。而这份美不是凡俗的艳丽,而是一种不施粉黛的本色美,一种与清冷环境相称的高洁幽雅的意态美,一种环境越孤寒就越发富于斗志的精神美。

说到高楼之上的女性,我还想起有一年在南开大学的"叶氏驼庵奖学金"的颁奖典礼上,叶嘉莹先生讲到过一首顾随先生的绝句,说要与同学们共勉:"绝代佳人独倚楼,江头看惯去来舟。一从读会灵均赋,不爱欢娱只爱愁。"

这首诗里的主人公是高楼之上的女子。这个女子,顾先生形容她是"佳人",而不是美人、不是丽人,为什么呢?因为佳人更注重的是一个女子的才华、品德,而不是外貌、形体,或者服饰。"独倚楼"说明这位绝代佳人是孤独的。那么,这个高楼之上的女子,她关注的是什么呢?"江头看惯去来舟"。古人出远门,往往会选择水路,所以她在江头之上看到的是来来往往的舟船,就像我们今天看到主要交通干道上的车来车往,也会有这种感慨:"天下熙熙,皆为利来;天下攘攘,皆为利往"(《史记·货殖列传》),

大家奔波劳苦，无非为了"名利"二字。但是，顾先生说，"一从读会灵均赋"，"灵均"就是屈原，如果我们真正地读懂了中国古典文学中屈原之后的诗人诗作，一旦跟这些古圣先贤发生生命的碰撞、思想的交流，我们就会明白，现实的、物质的欲望满足都是短暂的，真正需要寻找、追求的，恰恰是境界的提升，也就是"不爱欢娱只爱愁"，我们就不会为那些外在的、表面的物欲所迷惑和困扰，转而会去寻求和思考人生的终极价值和意义。英国小说家王尔德曾经说过："美好的肉体是为了享乐，美好的灵魂是为了痛苦。"所以，这位高楼之上的女子，一定不会被"究竟应该在宝马车里哭还是在自行车上笑"这样的问题所困扰，因为她非常清楚"一从读会灵均赋，不爱欢娱只爱愁"。一个人真正重要的，是自己精神修养的提升，而不是短暂的、肤浅的物质欲望的满足。

那么，叶先生笔下的这位"爱上高楼凝望眼"的女主人公，她看到了什么？期冀的又是什么呢？"海阔天遥，一片沧波远"，既表现了所要追寻对象的辽远，也表达了眼见碧波荡漾，心潮澎湃难平的怅惘和寥落。"仿佛神山如有见，孤帆便拟追寻遍"，"仿佛""如"都是不确定的语气，表达了理想的渺远和难以实现。"孤帆"一方面表现了诗人的理想以及追求理想的行为，曲高和寡的孤绝；另一方面表现了一叶扁舟在惊涛骇浪中的险绝。即便如此，诗人仍要上穷碧落下黄泉，虽九死而犹未悔地去追寻。

"明月多情来枕畔。九畹滋兰，难忘芳菲愿"，诗人多情，故明月也多情。明月都升上夜空了，但还有人在枕上辗转难眠。屈原《离骚》里说："余既滋兰之九畹兮，又树蕙之百亩。"翻译成现代文就是，我栽种了很多兰花香草。"九"和"百"都是约数，指数量之多。叶嘉莹先生因为心中的这份"芳菲愿"，所以讲课地域跨越了大江南北的近百所高校，真正地"九畹滋兰"。而叶先生对于自己晚年回国教书的选择，充满了期许——"消息故园春意晚，花期日日心头算"，相信"花期"到了，终必有盛开的一日。

2018年，叶嘉莹先生被中宣部、教育部、中央电视台评为"最美教师"，颁奖词里有这么一段："叶嘉莹先生，一顾诗倾城，再顾词倾国，从读诗到写诗，从品诗到讲诗。她说：'诗让我们的心灵不死。'诗词教育则是一种关乎生命的自我救赎。她这一生颠沛流离，唯一的根深深扎在了中华古典文学这片美丽的土地上。……20世纪60年代，她就在北美用英语讲授古典诗词，将古典诗词之美传播到世界各地；她走遍了祖国的大江南北，四处讲学，从七八岁的孩童，到十七八岁的青年学子，再到七八十岁的耄耋学者，无不得益于她厚重的学养。"

叶嘉莹先生耐得住孤独、守得住寂寞的这份"爱上高楼凝望眼"的对诗教传承事业数十年如一日的执着坚守，是其诗词讲授分外具有感染力的一大因素。

▲ 2014年4月,陪同叶嘉莹先生参加北京恭王府海棠雅集

洗礼之后,本色依然

前面,我们也介绍了,叶嘉莹先生的百岁人生,经受过很多患难与打击,但她始终心向光明,始终通过诗词讲授,传递人间的温暖,彰显人性的真善美。这使我想到朱熹的一首小诗,《水口行舟二首》(其一):

昨夜扁舟雨一蓑,满江风浪夜如何?
今朝试卷孤篷看,依旧青山绿树多。

朱熹,大家一定都不陌生。他是南宋著名的理学家、思想家、哲学家、教育家、诗人,世称"朱子"。诗题中的"水口",在今福建邵武东南,古称"闽关",宋朝设置水口寨,位于古田溪汇入闽江的地方,是水陆交通要道。

理学家之诗,往往纯粹说理,陈腐可厌,常被后人诟病。但朱熹的诗,虽然也讲理,却经常能寄情于景、寓理于趣,清巧绵密,令人喜爱。《水口行舟二首》(其一)这首小诗,写乘舟在江中航行时的所见所思,重点在表现清晨醒来时的瞬间感想,富有生活理趣。起笔从今朝雨霁,回忆昨夜的情景。"昨夜扁舟雨一蓑,满江风浪夜如何",昨夜诗人乘舟到水口一带,大雨瓢泼,风急浪高,江天一片漆黑。诗人披着蓑衣,躲进船舱避雨,倾听着外面的风浪声,浮想联翩。前两句虽是直写经过,但颇多转折。"雨一蓑",鲜明地描绘出船在雨中行驶时诗人的状态,大有张志和《渔歌子》里的"青箬笠,绿蓑衣。斜风细雨不须归"以及苏轼《定风波》中"一蓑烟雨任平生"的潇洒,反映出诗人随遇而安的从容淡定。次句写满江风浪,而且是整夜的满江风浪。诗人并没有描绘具体的形势险恶,却换为"夜如何"的揣测语气。究竟是忐忑不安之疑惧,还是有几分倔强不屈之反问呢?"夜如何"之"夜"与上句"昨夜"之"夜"有意重复,渲染了风雨黑夜的艰险情境。诗人在船舱中,耳听风浪之声,因而发出这样的疑问。通过这一问,也点出入睡后风浪不但持续还加大的景状。

诗的后两句写天明雨霁的情景。"今朝试卷孤篷看",承上启下,与首句的"昨夜"形成对举。昨夜是风雨交加,而今晨雨停了,诗人赶快卷起篷窗向外观看,这句承"夜如何"而来,看似不接,实际上接得很巧。"夜如何"包含着很广泛的意思,其中最主要的是：这一夜的大风大雨，是否使昨天所见的秀丽景色改变了呢？孟浩然家喻户晓的名作《春晓》中"夜来风雨声，花落知多少"之句，也是类似的情感观照。所以，诗人醒来就试着卷篷要一看究竟，表明诗人整夜都没睡踏实。"试"即试探，写出诗人生怕昨夜满江风浪带来不好的后果，是虚字传神之处。句尾用一"看"字，自然地引出了第四句，"依旧青山绿树多"，浓墨重彩地展现诗人舟行所见雨霁的新鲜景象：风雨过后的闽江，波平浪静，两岸景色依然是青山滴翠、绿树葱茏，令人赏心悦目。有前句的"试""看"蓄势，末句答案出来后，我们更能体会到诗人见到青山无恙、绿树常青时的欣喜。这一心情，从"依旧""多"强烈地表现了出来。而"青山绿树多"与千古名句"花落知多少"形成文本呼应，更耐人寻味：在接受风雨打击后依然坚挺的一定是青山绿树，而绝非美艳娇花。最后一句纯然写景，却景中含情，景中寓理。

　　这首诗所写的只是生活中的一件小事，诗人却从此次舟行的亲身经历中悟出一个道理：不管风浪怎样险恶，却摧不垮青山绿树；风浪过后，大自然仍然生机勃勃，无限美好。读者由此获得启迪，在人生的旅途上，不要畏惧暴风骤雨和惊涛骇浪，而要保持坚强、乐观的心态，要相信一切美好的事物，包括人的生命活力终究会战胜风雨和黑暗。从诗人对待风雨的坦然，以及对青山绿树历经风雨而本色未改的赞叹中，我们还可以进一步发掘本诗激励人心的精神力量：禁得起风吹雨打的人处变不惊，经受过黑夜考验的人精神不磨，勇气常存，就如青山绿树一样，经风雨的洗礼之后，本色依然。

叶嘉莹先生正是具备这样一份乐观、坚强的品格。2007年初，叶先生曾经因为肺炎住院，痊愈后写过一首绝句：

雪冷不妨春意到，病痊欣见好诗来。
但使生机研未尽，红蕖还向月中开。

叶先生认为，无论是严寒的环境，还是个人的病痛，只要战胜它，就能迎来盎然的生机。张伯礼院士多年来一直为叶嘉莹先生做健康保健，叶先生相信中医，对张院士极为信任。而张院士呢，也喜欢古典诗词，所以跟叶先生成为很好的朋友。有一次，叶先生肋骨间罹患带状疱疹，是一种十分疼痛难忍的病症，本来医嘱是要卧床休息，但叶先生坚持每天都下床洗漱。有一次，张院士到叶先生家，正赶上叶先生想方设法地要从床上趁着劲儿起来。张院士不让我们惊动叶先生，自己在一旁静静地守了20多分钟。当已经95岁高龄的叶先生终于找到一个稍微不那么疼痛的位置，顽强地站起来时，张院士动情地说，叶嘉莹先生是我从医几十年来，见到的唯一一位靠着理想和信念的支撑，战胜常人无法承受的病痛的人，她意志与内心的强大，令我钦佩。而叶嘉莹先生还曾以"红蕖还向月中开"为题在《人民日报》发表文章,用此诗句,表达对我们不断赓续诗教精神的信心:一代人有一代人的责任,学人文科学的人更应该担当起传承民族精神命脉的责任。

数千年来,中华优秀传统文化代有承传;千百年来传诵的古典诗词也必将滋养一代代中华儿女的精神世界。

已识乾坤大，犹怜草木青

很多人说，听叶嘉莹先生讲诗，听着听着，自己就进去了。她那亲切的言语，往往能引发大家的换位思考，也就是韩愈《答李翊书》里所说的，"仁义之人，其言蔼如也"。我们不妨先来读一首杜甫的《又呈吴郎》：

堂前扑枣任西邻，无食无儿一妇人。
不为困穷宁有此？只缘恐惧转须亲。
即防远客虽多事，便插疏篱却甚真。
已诉征求贫到骨，正思戎马泪盈巾。

公元767年，也就是杜甫漂泊到四川夔府的第二年，他住在瀼西的一所草堂里。草堂前有几棵枣树，西边邻居家的老妇人常来他这里打枣充饥。杜甫看到她来,总是笑脸相迎,从不干涉。在同一年稍早的诗作中,杜甫就曾写有"枣熟从人打"[《秋野五首》(其一)],被王嗣奭解读为"人己一视"。也就是说,杜甫可以换位思考。后来,杜甫把草堂让给一位姓吴的亲戚,也就是诗中的吴郎,自己搬到离草堂十几里远的东屯去住。

吴郎搬来后看到老妇人打枣,就有了意见:你整天来我们家打枣吃,这算怎么回事呢?所以,吴郎就在自己的房前屋后围了一圈篱笆,表示这里是自己的私有财产,不容侵犯。老妇人觉得杜甫走了,吴郎来了,自己连枣儿也没的吃了,所以再遇到杜甫的时候,就唠叨起来:"唉,你走了,我日子还不如从前呢!以前还能吃几颗枣,现在连枣也吃不上了。"杜甫听了,就赶紧写了这首诗,劝告吴郎。

我们从"吴郎"这个称谓可以看出,吴"郎"是比杜甫年轻的晚辈。但是,杜甫用了一个"呈"字,一个敬词,表示郑重其事。这个西边的老太太,她是"无食无儿一妇人",既没有子女赡养,也没有衣食来源,如此孤苦伶仃,所以他说"不为困穷宁有此?只缘恐惧转须亲"。意思是说,一个人如果不是困穷到了极点,怎么可能靠打别人家树上的枣来果腹充饥呢?毕竟枣树不是自己家的,吃枣不是那么理直气壮。我们如果能体会到她来打枣吃时的那份胆战心惊、那份恐惧不安,就应该转而对她更亲切才是啊!

杜甫跟这位老妇人，既不沾亲，又不带故，但是主动给吴郎写信，由此我们也可以看出，杜甫对这位老妇人的同情与牵挂。杜甫被后世称为"诗圣"，也正是因为他对底层人民常怀悲悯之心，这就使我们想到《孟子》里曾经讲过"惟仁者为能以大事小……惟智者为能以小事大"。也就是说，真正有仁爱之心的人，可以做到以大事小。作为强者，他会换位思考，去尊重弱者，平等地对待身边的每一个人。"惟智者为能以小事大"则是说，真正有智慧的人，虽然身居下层，但是不卑不亢，也可以把事情做好；与身份地位比自己高的人打交道，依然能够保持自己的尊严，而且能交流成功。

"不为困穷宁有此？只缘恐惧转须亲"，杜甫的这两句诗体现了一种换位思考，对于弱势群体，对于有求于自己的人，我们能否站在对方的角度来思考问题呢？《孟子·离娄下》中云："禹思天下有溺者，由己溺之也；稷思天下有饥者，由己饥之也，是以如是其急也。"大禹以治理洪水为己任，他看到天下还有人溺于洪水就责备自己，"这是因为我没有治好洪水，是我使那人溺水了"。同样，稷看到天下还有人挨饿，就责备自己，认为是自己使那人挨饿了。这种"己饥己溺"的情怀，不正是一种强大的社会责任感吗？

杜甫确实伟大，他的伟大就在于跟普通人打交道的时候，跟有求于自己的人交流的时候，也能够换位思考。所以，我们常常讲，一个人的品格修养，并不仅仅看他对待地位高于自己的师长或上级是怎样的态度，而是还要看他怎样对待有求于自己的人，怎样对待身边那些平凡的普通人，比如保洁员、快递小哥等。如果大家都能够换位思考，都能够体谅到别人的不易——"不为困穷宁有此？只缘恐惧转须亲"，对他人多一份换位思考的关爱，也许我们也能够让自己的生命、境界不断提升，我们的社会也就能更好地实现共同富裕。

  叶嘉莹先生有多个身份标签，教师、诗人、学者等，但是她最为看重教师这个身份。她曾谦逊地说："在创作的道路上，我没有能够成为一个很好的诗人；在研究的道路上，我也没有能成为一个很好的学者。那是因为我在这两条道路上，都没有做出全身心的投入。而在教学的道路上，虽然我也未必是一个很好的教师，我却确确实实为教学工作投入了我大部分的生命。"叶嘉莹先生讲诗词，真正做到了有教无类，授课对象从幼儿园的小朋友到工程院院士，从乡村留守儿童到部级领导干部。叶先生真正做到了"已识乾坤大，犹怜草木青"（马一浮《旷怡亭口占》），作为加拿大皇家学会的院士、中央文史研究馆的资深馆员，叶先生所追求的不是安逸的生活享受，而是要把自己亲身体会到的古典诗歌里边美好高洁的世界，告诉更多的人。"高节人相重"，正是因为叶先生有这样的品格与境界，才把诗词讲得如此透彻精微，令人"高山仰止，景行行止"（《诗经·小雅·车辖》）！

第六章

诗教绵绵 传嗣响

叶嘉莹先生在纪念自己的老师顾随先生的文章里，曾经描述过这样一个细节。有一次顾随先生来上课，步入讲台后便转身在黑板上写了三行字："自觉，觉人；自利，利他；自渡，渡人。"初看起来，这三句话好像与学诗并无重要的关系，而只是讲为人之道和处世之法，顾随先生却由此而引发了不少论诗的妙义。其实这12个字，也在一定程度上表述了中华诗教当代传承的使命与方向。

作为中华诗教当代传承的一面旗帜，叶嘉莹先生曾经说，诗词中的那种感发，绝不只是知识，它是一种生命，是能够提升你心灵和品质的一种能量。这就像古人的传灯之喻，"一灯燃百千灯"，从一盏灯的火焰能够点燃百千盏灯的火焰，灯灯的继续相传，能使"冥者皆明，明终不尽"。我的老师点燃了我心中的灯，她也希望我能够把这一点火焰传递下去，所以我很希望同学们在学校学习的，不只是知识，不只是学问，更是真的在你们的品格、情操、心灵方面能够更有所提升的一种生命和力量。

叶嘉莹先生曾说："如果说我传的是诗教，而且是广义的诗教，要把中国诗歌里边这一份崇高、美好的思想、感情、品格、修养传下来，那我真的是有这样的理想，我也真的是有这样的意愿和感情的。"

在南开大学迦陵学舍的讲堂里，悬挂着一副联语，是叶嘉莹先生改写的龙榆生先生的两句词："师弟因缘逾骨肉，书生志意托讴吟。"在叶先生看来，这世界上人与人之间的关系，有些是上天安排，后天无法改变的，比如血缘关系；但也有一些人与人之间的关系是后天自己选择的，比如师生之间，往往是因为有着共同的理想和追寻，才走到一起。在叶先生看来，师生之间薪火相传的情谊，有时甚至比骨肉更亲近。因为骨肉是与生俱来的，是血缘关系，而不取决于个人精神思想上的选择。而师生的情谊，则是他们的理想和志意的一种传承，是更为可贵的。

"读书成底事，报国是何人？"（郑思肖《德祐二年岁旦》）作为一介书生，依然可以在谈诗论词之间，赓续民族的诗教精神，实现自己的报国之志。

▲ 迦陵讲堂联语

内容近似,境界各异

中国的古典诗词,数千年来深刻参与了我们文化核心价值的生成与民族精神的塑造。古人讲"灯火虽如豆,照世却辉煌",古典诗词虽然字数有限,却被视为整个华人世界最大的同心圆,在民族文化传承的长河中有着动人而永恒的魅力。叶嘉莹先生讲诗词,喜欢进行比较,就是将意象、内容近似的作品之间做对比,以便区别它们之间的优劣短长。下面,我们不妨一起来看一组诗词,都是写水边的女子,境界和品格却有不同。

首先,我们来看欧阳炯的《南乡子》(其五):

二八花钿。胸前如雪脸如莲。

耳坠金环穿瑟瑟。霞衣窄。笑倚江头招远客。

不少朋友可能会说："欧阳炯是谁？这个名字听起来很陌生啊！"事实上，欧阳炯可不是寂寂无闻之辈，我们知道中国第一部文人词的总集叫作《花间集》，这是赵崇祚编选的。给《花间集》写序的就是欧阳炯，可见欧阳炯当时在文坛的地位。《花间集》一共收录了十八位作家的五百首作品，这里面写的几乎都是美女和爱情。我们来看欧阳炯《南乡子》这首词。"二八花钿"，说的是这个女子的年龄，16岁的花季，是一个人一生中最甜蜜、最美好的时节。"胸前如雪脸如莲"，说这个女子的皮肤很好、容颜很美，她还"耳坠金环穿瑟瑟"，戴着耀眼夺目的首饰。那么，她穿着什么样的衣服呢？"霞衣窄"，是非常艳丽而又紧身的衣服，对外在有一种吸引。她是做什么的呢？"笑倚江头招远客"，原来她是水边一个摆渡的女子，在招呼客人赶快上船，要把他们送到对岸去。我们读了欧阳炯的这首《南乡子》之后，只是知道这个女孩子的年龄、容颜和服饰。这个女孩子谈恋爱了吗？她有人生的体悟吗？她经历过什么，遇见过什么，她对生活有着怎样的思考？这些统统不知道。因为在欧阳炯看来，女孩子有没有感情、有没有思想都不重要，重要的是要长得漂亮，要有鲜艳、性感的服饰。这就是欧阳炯笔下的《南乡子》所呈现出来的一个女孩子的形象。

我们再来看一首《花间集》里的作品，薛昭蕴的《浣溪沙》：

> 越女淘金春水上。步摇云鬟佩鸣珰。渚风江草又清香。
> 不为远山凝翠黛，只应含恨向斜阳。碧桃花谢忆刘郎。

同样写女子，同样是写水边的女子，薛昭蕴的这首词就上了一个层次，他说"越女淘金春水上"，这个女孩子的工作是什么呢？她从事的是在水边淘金的工作。越女一定是美女了，而且是在春水上，春水绿波是很有生机、很有感发的景物。"步摇云鬟佩鸣珰"，这位姑娘头上佩戴着步摇。所谓步摇，就是插在女孩子鬟发间的一种发饰，一迈步或者一转身它就会摇动。她耳朵上还戴着叮咚作响的耳坠，这个女孩子，在这样一个生机盎然的春天里出场，又佩戴着夺人耳目的步摇、鸣珰，"渚风江草又清香"，那么这个女孩子一定是多情动人的。所以，下阕接着说这个女孩子"不为远山凝翠黛，只应含恨向斜阳"。翠黛，是指女孩子的眉毛，"凝翠黛"就是说她发愁了。"只应含恨向斜阳"，她开始有所思、有所想了，为什么呢？因为她感情有了寄托，"碧桃花谢忆刘郎"，她有一个相思、怀念的具体的对象——刘郎，所以碧桃花谢之际，她凝翠黛、向斜阳，都是因为她在思念着心目中的刘郎。大家看，在薛昭蕴的笔下，这个女孩子有了感情，有了相思爱慕的对象，所以就比欧阳炯《南乡子》中的那个女孩子提升了一层，由聚焦"容妆"，到思念"他者"，境界有所不同。

从"自觉"到"觉人"

我们接着再来看欧阳修的一首《蝶恋花》:

越女采莲秋水畔。窄袖轻罗,暗露双金钏。照影摘花花似面。芳心只共丝争乱。

鹡鸰滩头风浪晚。雾重烟轻,不见来时伴。隐隐歌声归棹远。离愁引著江南岸。

我们知道欧阳修的道德、品格、文章都是一流的,这虽然只是一首小词,却也能够体现出欧阳修的品格与修养。"越女采莲秋水畔",这个女孩子的出场跟薛昭蕴笔下的那个女孩子的出场相似,却又不同,为什么呢?薛昭蕴笔下的女子出场在春水上,而欧阳修笔下的女子则是出场在秋水畔。一个是春水上,一个是秋水畔，这就高下立判了。为什么？因为在中国古典文学传统中，有"春女善怀""秋士易感"两条线索。中国古代，男女有别，男孩子对自己的期待是实现三不朽——"太上有立德，其次有立功，其次有立言"，他对自己的期许以及周边环境对他的教育，都是希望他能够实现修齐治平的理想。男士到了秋天，看到一年将尽而自己一事无成，就会有一种有志不获骋的失落，所以是"秋士易感"。而女孩子就不同了，女孩子一生最大的目标，就是找到一个可以终身依靠的感情对象，"愿得一心人，白首不相离"（卓文君《白头吟》）。因为春天草木萌发、昆虫起蛰，特别适合感情的滋生发展，女孩子在春天也就特别容易春心萌动，所以是"春女善怀"。

在欧阳修的这首小词中，安排女孩子在秋天出场，就表明欧阳修对待女性的一种态度，是超越其他人的。"越女采莲秋水畔"，这个女孩子从事的工作是怎样的呢？是采莲，这"采莲"和薛昭蕴笔下的"淘金"就有差异了。淘金是比较物质的，而采莲注重的是精神，因为莲花无论是在中国的传统文化中还是在古典文学中，都有丰富的内蕴，欧阳修赋予了这个在秋水畔采莲的女子以品格和内涵。接着，欧阳修描写了她的服饰和衣着，"窄袖轻罗"，这个女孩子同样穿着紧身的衣服，但是她不是"霞衣窄"，而是"窄袖轻罗"。这个"窄"和"轻"都是非常细微的修饰，"罗"是一种特别精美的丝织品，重在它的品质。"窄袖轻罗，暗露双金钏。"这个女孩子同样佩戴着首饰，但她不是"耳坠金环穿瑟瑟"，不是"步摇云鬓佩鸣珰"，她佩戴的是双金钏。金钏非常贵重，但她佩戴这个首饰不是为了炫耀于人前，不是为了吸引别人的目光，而是为了自我的珍重、自我的欣赏，所以她是"暗露双金钏"，而不是显露在外的。欧阳修笔下的这个女孩子佩戴着金钏，就在她俯身摘花的那一刻不经意间露出来了，所以她不是有意的，更不是炫耀，而是不经意间就流露出了自己美好的品格。

"照影摘花花似面"，这一句中欧阳修把这个女孩子又提升了一个高度，为什么这么说？因为他这里写出了一种自我的觉醒。"照影摘花花似面"，是说这个女孩子在俯身摘花的一瞬间，看到水面上有一个花面人影。我和花的倒影都在水里，那么我忽然间就有了一个觉醒。什么觉醒呢？"花似面"至少有三个相似的层次和维度。第一，花与人的容颜一样，都是美好和娇嫩的，需要特别珍重和呵护。第二，花期和人生一样，都是短暂的。养花一年，花开十日，花期的短暂就像我们的人生一样，人生在世不过百年，虽然美好，但是太短暂了。第三，在这短暂的花期之中，在我们短暂的人生里，又要遇到多少风雨，所以李煜说"林花谢了春红。太匆匆。无奈朝来寒雨晚来风"（《相见欢》）。如果在这十日的花期之中，天气都是风和日丽的，来到花下的都是知花、爱花、赏花、护花、惜花、懂花的人，那便没有辜负了这十日的花期。但是，在这花开的数日之中，花还要经历多少风雨的侵袭。正如在我们短暂的人生中，如果我们所有的愿望都能实现，所有的理想都能实现，能够跟自己最亲爱的家人和朋友永远相聚，那便没有辜负了这百岁的光阴。但是，人生不如意事常八九，在我们短暂的一生中又要遭遇多少的天灾人祸、挫折打击？所以"照影摘花花似面"，突然间她就有了一个觉醒，意识到了自己的美好，也意识到了美好是如此短暂，意识到自己一生中生老病死、诸种无常的不可避免。这时，这个女孩子就对生命有了一种反省。

"芳心只共<u>丝</u>争乱"，这个"<u>丝</u>"，是"藕断<u>丝</u>连"的"<u>丝</u>"，跟我们思绪的思、情思的思、思想的思，是谐音的，所以这里表达了这个女孩子在俯身采莲的一瞬间，生命觉醒了，她的情思、她的思想活跃了。因为她的这种反省，因为她的这份思考，所以"鸂鶒滩头风浪晚。雾重烟轻，不见来时伴"，她好像跟以前的自己已经不一样了，突然间有了一个提升。"不见来时伴"，意味着她超越了同辈，也意味着她身处孤独之中，因为她的独立思考和自我反省，所以才会"不见来时伴"。

"隐隐歌声归棹远。离愁引著江南岸"，这个女孩子从思考中回过神后突然发现伙伴们都不见了。伙伴们的歌声渐行渐远，而她的思绪，她的愁思，"引著江南岸"，好像从舟上，一直延续到了岸边，以至于两岸的水草都是她的思绪、她的反省。欧阳修不仅赋予了女性情感，甚至她还可以自我反省。所以，我们看同样写女子，同样写水边的女子，但是欧阳修笔下的女子具有了思想。从这个角度来讲，欧阳修的境界的确比欧阳炯和薛昭蕴更高一筹。

我们要分析的第四首作品，是清初女诗人张昊的《西湖闲咏》：

何处佳人貌出群？海棠娇映石榴裙。
几回羞向旁人问，哪个山头是岳坟？

诗中的主人公是"貌出群"的"佳人"，穿着美丽的石榴裙。石榴裙是唐代年轻女子极为青睐的一种服装款式。这种裙子，颜色如石榴之红艳，不染其他颜色，往往使穿着它的女子俏丽动人。又因为武则天的诗中也出现过"开箱验取石榴裙"（《如意娘》）的句子，所以石榴裙成为既有姿色又有智慧的女子的象征。那么，在西湖边，游人如织，但大多只是沉醉于风景秀丽的湖光山色之中，这位女子却卓然不同，"几回羞向旁人问"，她在问路，她真正想去哪里呢？"哪个山头是岳坟"！原来她是一路在找埋在西湖边的民族英雄岳飞的坟墓。这就很妙了，一个女子，同样是在水边的女子，不仅可以有容颜、服饰之美，可以有相思、爱慕之情，可以有生命、人生之思，还可以有精神、信念之追寻。

叶嘉莹先生曾经回忆自己的老师顾随先生的授课情形："先生的讲诗既是重在感发而并不重视拘狭、死板的解释和说明，……

除此以外，先生讲诗还有一个特色，就是先生常把学文与学道以及作诗与做人相并立论。"(《红蕖留梦：叶嘉莹谈诗忆往》)可见诗教传承与作者、讲者，乃至读者的情志品格均有很大关系。从"自觉"到"觉人"，这本身或许正是诗教传承的使命所在。

矜持与豪迈

提起宋代女词人李清照,大家往往会将其列为婉约词的代表作家。其实李清照有一首《渔家傲》,写得气势磅礴、音调豪迈,而且与水也有联系:

天接云涛连晓雾。星河欲转千帆舞。仿佛梦魂归帝所。闻天语。殷勤问我归何处。
我报路长嗟日暮。学诗谩有惊人句。九万里风鹏正举。风休住。蓬舟吹取三山去。

李清照是我们文学史上不可无一、难能有二的一个非常重要的女词人,《渔家傲》是她晚年的代表作。词一开头,便展现出一幅辽阔壮美的海天一色图卷。这样的境界开阔大气,写天、云、雾、星河、千帆,景象已极为壮丽,其中又准确地嵌入了几个动词,"接""连"二字把四垂的天幕、汹涌的波涛、弥漫的云雾,自然地组合在一起,形成一种浑茫无际的境界。而"转""舞"两字,则将词人在风浪颠簸中的感受,逼真地传递给读者。所谓"星河欲转",是写词人从颠簸的船舱中仰望天空,天上的银河似乎在转动一般。"千帆舞",则写海上刮起了大风,无数的舟船在风浪中飞舞前进。船摇帆舞,星河欲转,既富于生活的真实感,也具有梦境的虚幻性。虚虚实实,为全篇的奇情壮采奠定了基调。"仿佛梦魂归帝所",仿佛来到了一个人生的终点。"闻天语",好像真的有人跟我说话。"殷勤问我归何处",问我这一生到底完成了什么,实现了什么。李清照在这首词中体现出来的对人生终极价值的一种探寻、一种思考,甚至已经超出了她同时代的男性。那么在追寻和探究之后,李清照对人生终极价值与意义的答案又是怎样的呢?"路长日暮",反映了女词人晚年孤独无依的痛苦经历,然而内心却仍有所坚守。词人结合自己的身世,把屈原在《离骚》中所表达的不惮长途远征,只求日长不暮,以便寻觅天帝,不辞"上下求索"的情怀隐括入词,只用"路长""日暮"四字,便概括了"上下求索"的意念与过程,语言简净自然,浑化无迹。后面紧跟着的则是"学诗谩有惊人句",是词人在上苍面前倾诉自己空有才华而遭逢不幸,奋力挣扎的苦闷。"谩"字,就是徒劳地、落空了。那么,李清照会怎样呢?

"九万里风鹏正举",我们知道这句化用的是李白的《上李邕》:"大鹏一日同风起,扶摇直上九万里。假令风歇时下来,犹能簸却沧溟水。"但是,李清照比李白更进了一层,李白是说"假令风歇时下来",它还有跌落、下降的时候,但是李清照呢?在大鹏正在高举的时刻,词人忽又大喝一声:"风休住。蓬舟吹取三山去!""风休住",不仅风要把我吹起来,而且风不要停止,"蓬舟吹取三山去",一直要把我吹向那理想的彼岸。"蓬舟",指轻如蓬草的小舟,是说所乘之舟的轻快。"三山",指渤海中蓬莱、方丈、瀛洲三座仙山,相传为仙人所居。词人翻旧典,出新意,敢借鹏抟九天的风力,吹到三山,胆气之豪,境界之高,词中罕见。真的是气势磅礴,一往无前,堪称大手笔。

其实提到水,有人说叶嘉莹先生跟水也很有缘。1980年,叶先生有一次和朋友们相聚,席间一位女士说她可以根据一个人的名字做分析推测。而她分析的结果是,叶先生五行得水最多,既可如杯水之含敛静止,也可以像江海之汹涌澎湃。叶先生有感于此,并结合自己的人生经历,填写了一首《踏莎行》:

　　一世多艰,寸心如水。也曾局囿深杯里。炎天流火劫烧余,藐姑初识真仙子。

　　谷内青松,苍然若此。历尽冰霜偏未死。一朝鲲化欲鹏飞,天风吹动狂波起。

这首词可以视作叶嘉莹先生一生的写照。叶先生既有含蓄内敛的矜持，也有自强振起的豪迈。在经历了流火的劫烧、冰霜的催逼之后，依然能够鲲化鹏飞。叶先生"谷内青松，苍然若此"的淡定从容，其实是源自在"炎天流火劫烧余""历尽冰霜偏未死"的历练，精神上凤凰涅槃后，"一朝鲲化欲鹏飞"的突破与超越。

　　这或许就是我们中华诗教绵绵不绝的原因所在，诗教传薪者也在不断见证自身从"自渡"到"渡人"的成长。随着社会的发展、文明的进步，诗词书写的内容在不断丰富，留给讲诗人的解读空间也在不断拓展，诗词能够带给我们的滋养和助益也会越来越丰富、越来越深厚。

▲ 2014年7月，不列颠哥伦比亚大学亚洲图书馆举办叶嘉莹先生90岁华诞活动

凤凰涅槃

叶嘉莹先生晚年曾写有一首绝句：

不向人间怨不平，相期浴火凤凰生。
柔蚕老去应无憾，要见天孙织锦成。

是啊，叶先生这一生饱经沧桑，对古典诗词的喜爱不但支撑着她度过了许多磨难，实现了凤凰涅槃，而且叶先生始终期待中华诗教能够代有传承。大家可能要问了："叶先生已经是百岁老人了，中华诗教在年轻人中有传承吗？"

这里不妨跟大家举一个张元昕，小名叫牛牛的人的例子。20世纪末，牛牛出生于美国纽约的华人家庭，在家里从小说中文，因为家中长辈认为孩子应该知道祖国的根，知道祖国的文化，饮水思源。在张元昕4岁的时候,她的外祖父母也到了美国,开始系统性地教她和2岁的妹妹张元明(小名叫毛毛)一起学诗。

等到牛牛10岁的时候,在电视上看到了中央电视台录制的《大家》栏目为叶嘉莹先生做的一期节目。她觉得叶先生看起来是一位慈祥的奶奶,一举手一投足都那么优雅,她的整个生命状态都是美的。节目里,叶先生说了一句话:"如果我要倒下去,我也要倒在讲台上。"这令10岁的牛牛十分好奇:究竟是一种什么样的信念,能让叶先生愿意倒在讲台上,愿意为诗词贡献她的一生呢?牛牛对节目中介绍的这位一辈子弘扬传统文化、弘扬中华诗教的老师,油然生出了无尽的仰慕之情。所以,她很郑重地跟家人说,自己想拜叶先生为师。

当时,外祖母和牛牛各写了一封信寄给叶先生。叶先生在回信中说:牛牛如此爱诗,甚为难得,其所作亦有可观。只可惜未习音律,如有机会见面,我可当面为她讲一讲。于是2009年的春假,牛牛在母亲和妹妹的陪伴下,到温哥华第一次拜见了叶先生。其后,她们母女三人坚持在温哥华听了叶先生两年的暑期课程。叶先生用自己的心灵去体悟古人的作品,与古人产生共鸣,又把这种共鸣用精致、细微的语言表达了出来,所以具有一种特殊的感发力量。这种生生不已的感发之力,深深地吸引着牛牛。2011年,牛牛在纽约以全校第二名的成绩完成了初中学业,成功地跳级考入了南开大学。

来到南开，牛牛十分勤奋，曾经一学期选修十几门课，从早上8点上到晚上9点。牛牛在3年的时间里，修读完了4年的本科课程，成为叶嘉莹先生亲自指导的最小的硕士研究生。3年硕士学业完成，2017年，牛牛成功地申请到哈佛大学东亚系研究生，并获得哈佛全额奖学金和费正清研究中心奖学金。然而，拿到名校录取通知书并不是牛牛这个故事的结局。2018年，牛牛回到母校南开大学，看望自己的老师。学校特意安排牛牛给南开的学弟学妹们举办了一场讲座，题目是牛牛自己的两句诗"明灯无数驱长夜，一片光芒彻古今"。讲座之后的问答环节，有学生问牛牛：在哈佛读书一年来最大的收获是什么？牛牛回答：这一年最大的收获不是听了多少场报告、见到了多少名人，而是成功地竞聘到一个义工组织的岗位。原来，哈佛大学广场有一个流浪汉居容所，牛牛竞聘的岗位就是每周有一天去为这个流浪汉居容所的流浪汉做早餐。这意味着，即使是在美国东部大风雪的天气里，牛牛也必须一大早起床，赶到流浪汉居容所，7点前做好早餐，轻轻唤起流浪汉们。待他们吃过饭后，再收拾停当，赶去教室上课。牛牛说，自己来到南开大学的第一年，就参加了叶嘉莹先生为纪念自己的老师顾随先生捐设的"叶氏驼庵奖学金"的考试，获得了一等奖及一万元的奖金，她毫不犹豫地把这笔奖学金捐给了西部贫困地区的学生。但那个时候，她只是捐了一笔钱，现在自己可以为他人奉献劳动、奉献时间，所以有了新的成长、新的收获。

目前，牛牛在哈佛大学东亚系攻读博士学位的同时，还和自己的母亲、妹妹一起面向纽约的华人家庭开设了中华诗教班。这个诗教班要求家长和孩子一起来上课。牛牛认为，叶嘉莹先生教大家以心印心的传统治学之法，叶先生的学问与人格融为一体，能以身作则，用自己的整个生命实践、传承所教的诗词，用真诚心教每一个学生。所以，牛牛她们在诗教班讲诗的时候，也尽量像叶先生那样，让孩子们感受到诗人的品格和修养，让他们体会到诗人的内心世界。

牛牛的事例，也让我们回望中华诗教的育人目标。不仅仅是名校的录取通知书，不仅仅是诗词竞赛的总冠军，还是对生存观、价值观的构建与塑造，是从自利到利他，以期让更多青少年获得在天地间安身立命的根本。

2019年，教育部和国家语委联合主办，南开大学承办的首届"中华经典诵写讲大赛"之"迦陵杯·诗教中国"诗词讲解大赛总决赛在南开大学举行，95岁高龄的叶嘉莹先生在1979年首次回国教书的教室——南开大学主楼111教室，与来自全国各地的数百名决赛选手亲切见面，带领大家齐声高诵："中华诗教播瀛寰，李杜高峰许再攀。喜见旧邦新气象，要挥彩笔写江山。"叶先生说她最大的心愿就是把自己对于诗歌生命的体会，告诉年轻人，一起把古典诗词的薪火传续下去。期待更多的一线教师携手并进，更多的力量汇聚在一起，共同探索中华诗教在当下创造性转化、创新

▲ 2024年1月,与叶嘉莹先生在病房合影

性发展。

  20世纪80年代初,叶嘉莹先生在成都杜甫草堂参加杜甫研讨会,遇到了四川大学历史系的缪钺先生。缪先生送给叶先生一首《相逢行》的长诗,里面有这样两句:"书生报国果何从,诗教绵绵传嗣响。"叶嘉莹先生确实用自己数十年的执着坚守,践行了自己以古典诗词教学报效祖国的理想。相信中华诗教会在更多朋友的加持下,"嫣然才一笑,蓦地万花开"(顾随《意难忘·纪梦》),为创造人类文明新形态贡献更多力量!

附录

从孤芳自赏到花落莲成

叶嘉莹先生温哥华家中客厅最显眼的位置悬挂着一幅旅加华人摄影师叶榕漳先生[1]的荷花作品:墨绿的大荷叶上散落着两片极浅的淡粉色花瓣和几撮黄色烟丝状花蕊,最为醒目的还是那株亭亭玉立的蕊丝尚未落尽而已成形结子的莲蓬——昂然挺立而又宁静淡泊。装裱的画框内还附有温哥华著名书法家谢琰先生的一行题字——"从孤芳自赏到花落莲成"。自 2010 年 12 月叶先生温哥

---

1. 叶嘉莹先生曾有诗赠叶榕漳先生云:"蓝霞掩映万芙蕖,摄取花魂入画图。一片空蒙超色相,好从光影悟真如。"(《摄影家叶榕漳先生最喜拍摄荷花其取景采光皆别具眼界迥出流俗近以其所作一幅荷花相惠赠意境尤为夐绝因题小诗一首以为答谢》,《迦陵诗词稿》,台湾大块文化出版有限公司 2013 年版,第 189 页。)

华家中客厅和起居室所悬挂的书画作品被盗窃一空[1]后,叶先生就选了这幅她所喜爱的摄影作品来悬挂。

生于荷月的叶嘉莹小名叫"荷",曾被双亲偶然呼为"小荷子"[2],自幼内心之中就不由得对一切与荷花相关的事物,都有一种特别亲切的感情。但她所居住的温哥华虽满城花海却荷花难觅,所以叶先生的朋友、学生常常会将拍摄的荷花图像、绘制的荷花图画,乃至描刻有荷花图案的石头等送给叶先生观赏。显然叶先生对这幅"从孤芳自赏到花落莲成"的摄影作品情有独钟。

三生造化,无才驽钝的我竟与迦陵师结下了"十年亲教诲,千里伴君行"的殊胜因缘。我了解她除了其著述中严谨认真的一面外,还有着与友人至西雅图听歌剧后夜间十一二点又率领众人逛超市买水果的"余年老去始能狂"[3]的豪兴。每当望见这幅"从孤芳自赏到花落莲成"的荷花摄影作品,我就禁不住想:先前的她是怎样的?她又如何成为今天的"叶先生"?

叶嘉莹先生1924年出生于北平一个古老的家庭,"而且是关

---

1. 详见叶嘉莹《物缘有尽 心谊长存(之一)——从〈富春山居图〉跋文谈及被盗的台静农先生书法》(上下),《中国社会科学报》2011年7月12日、7月21日;叶嘉莹《物缘有尽 心谊长存(之二)——记我家中失窃的范曾先生书画三幅》,《中国文化报》2011年12月29日。
2. 据迦陵师回忆,幼时父母偶尔呼自己为"小荷子",但家中其他亲友长辈仍叫其大名"嘉莹"。
3. 《随席慕蓉女士至内蒙作原乡之旅口占绝句十首》(其二),《迦陵诗词稿》,台湾大块文化出版有限公司2013年版,第174页。

在大门里长大的"[1]。她在家中接受的是中国旧式传统的教育,开蒙第一部书读的是《论语》。她父亲虽然是从北大外文系毕业的,但其教育理念与兄长相同,就是女孩子要有"新知识,旧道德",后来虽然准许女儿到学校去读书,可是在生活方面,对女儿的约束则极严。因此,叶先生青少年时期除了读书,对于外在社会之种种现实生活几乎一无所知,连学校里的交往活动也很少参加。收录在《迦陵诗词稿》中的最早期的作品是叶先生15岁时咏写的秋蝶、秋竹与小紫菊,完全是家中院子里的景物[2],其中一句"忍向西风独自青"(《对窗前秋竹有感》)或许正表达了生活在沦陷区的她心中的一份孤独与坚守。有一位与叶先生同在辅仁大学国文系读书的堂兄叶嘉谷,在毕业前曾有几句按语对堂妹加以形容,说她"黜陟不知,理乱不闻,自赏孤芳,我行我素"[3]。

1948年,迦陵师随丈夫赵钟荪到了台湾。正值台湾白色恐怖时期,1949年底,赵钟荪先生被捕入狱。1950年夏,迦陵师带着不满周岁的女儿也被抓进了警察局。他们虽然先后获得了释放,但历经患难后的悲观、生活重压下的苦难,叶先生说在这一时期

1.《红蕖留梦——叶嘉莹谈诗忆往》,台湾大块文化出版有限公司2014年5月版,第37页。
2.《秋蝶》《对窗前秋竹有感》《小紫菊》,均见《迦陵诗词稿》,台湾大块文化出版有限公司2013年版,第38页。
3.《〈王国维及其文学批评〉后叙》,《王国维及其文学批评》,香港中华书局1980年版,第481页。

自己最常记起来的，就是静安先生用东坡韵咏杨花的《水龙吟》词的头两句："开时不与人看，如何一霎蒙蒙坠。"她甚至以为自己也正如同静安先生所咏的杨花一样，根本不曾开过，便已经零落凋残了。在这种"覆盆天莫问，落井世谁援"[1]的处境下，迦陵师却不愿接受别人的怜悯和同情，她不但同时在台湾大学、辅仁大学、淡江大学执教，还兼任教育电视台主办的"大学国文广播教学"的主讲。无论是迦陵师当年的同事还是学生，大概没有人知道其所经历过的艰苦和辛酸。她外表保持着一贯平和的样子，但与人交往总保有一定的矜持。台湾诗人痖弦先生曾忆起20世纪60年代在台北远东电影院远远望见过叶嘉莹老师，当有人追问他为什么当时没有上前打招呼时，痖弦先生回答说："她的神情意暖而神寒，套句戏词说'艳如桃李，冷若冰霜'，我哪敢冒昧啊？"[2]

从1966年起，叶嘉莹先生就被邀请赴美国哈佛大学及密歇根大学客座讲学，并于1969年移居温哥华，成为加拿大不列颠哥伦比亚大学（UBC）的终身教授。因赵钟荪先生自从获释后一直没有正式的工作，一家人办理移民加拿大的手续，完全由迦陵师独自承担，受尽委屈。加拿大移民局坚持认为一家人都不能算作叶先生的眷属，就连叶先生本人都应该算作赵先生的眷属。为此，迦陵师

1.《转蓬》，《迦陵诗词稿》，台湾大块文化出版有限公司2013年版，第164页。
2. 王芳《穿裙子的"士"痖弦访谈录——有关叶嘉莹在台生活的回忆》，《澳门日报》2012年8月8日。

曾写下"忍吏为家甘受辱"[1]的诗句。历尽曲折，一家人终于在温哥华团聚了。但上有80岁老父、下有两个正在读书的女儿，再加上一个颇有大男子主义做派的丈夫，叶先生在家庭生活中只能是一味地操劳与忍让，授课时限于英语讲授中国古典诗词的束缚，她也曾有过"失所今悲匍匐行"[2]的慨叹。但每天边查看英文词典边备课研读到凌晨2点的执着，使其在治学方面有了一种融贯古今中外的识见。不但其著述相继问世发表，其主讲的课程也受到越来越多的欢迎和肯定，有不少文化圈中颇为知名的长者也经常来旁听她的课。加拿大华裔作家协会会长梁丽芳女士是叶嘉莹先生在UBC指导的研究生，她曾撰文描述过叶嘉莹先生在UBC授课的情形："教室里呈现一个奇特的景观：在年轻学生之间，坐着衣冠楚楚的中年男女和白发苍苍的老先生、老太太。他们无一不静心听叶嘉莹先生的课，老中青济济一堂，集体跑野马般进入另一个境界。"[3]

1974年，迦陵师首次回国探亲，平生极少流泪的她坐在飞机上"遥看灯火动乡情"，就不禁"眼流涕泪心狂喜"[4]。然而就在她事业平稳发展、与故乡亲人重新取得联络，两个女儿也都结婚成家后不久，1976年3月，叶先生的长女及女婿却因车祸双双离开了

1.《异国》，《迦陵诗词稿》，台湾大块文化出版有限公司2013年版，第108页。
2.《鹏飞》，《迦陵诗词稿》，台湾大块文化出版有限公司2013年版，第108页。
3.《叶嘉莹在加拿大的岁月》，《传记文学》2012年第2期。
4.《祖国行》，《迦陵诗词稿》，台湾大块文化出版有限公司2013年版，第116页。

人间。这场"呼天肠断信难真"[1]的劫难,使迦陵师有了超越个人一己之家庭小我之得失的更广大的关怀与觉悟:

> 人不经过绝大的痛苦,你不会觉悟。我就是因为经过这么多患难痛苦,把自己打破了,不再被自己的家庭子女所束缚了。我一世的辛勤,忍气吞声,养家的责任我已经尽到了,我要把我投向古典的诗歌,我要为古典诗歌的传承献出我的余生。[2]

1978年,迦陵师向教育部提出回国教书的申请。得到批复后,从1979年至今,她每年回国教书,从未间断。正因为体认到"荷花凋尽我来迟"[3]的"时不我予"的匆迫,叶先生节假日无休,数十年如一日勤勉自持。她的教学对象从幼儿园的小朋友到博士后,演讲的足迹则从边疆塞外到海岛天涯,听众既有部级领导干部也有农民工子弟。20世纪90年代初,她还捐出自己退休金的一半——10万美元在南开大学设立了奖学金、成立了研究所……叶先生说看到现在有一些青年人竟因为被一时短浅的功利和物欲所蒙蔽,而不再能认

1.《一九七六年三月廿四日长女言言与婿永廷以车祸同时罹难日日哭之陆续成诗十首》(其一),《迦陵诗词稿》,台湾大块文化出版有限公司2013年版,第121页。
2.《九十回眸——〈迦陵诗词稿〉中之心路历程》(下),《南开大学报》2014年5月23日。
3.《浣溪沙·为南开马蹄湖荷花作》,《迦陵诗词稿》,台湾大块文化出版有限公司2013年版,第215页。

识诗歌对人的心灵和品格的提升的功用，是一件极为遗憾的事情。她这些年之所以不断回国教书，而且在讲授诗词时特别重视诗歌中感发的作用，就是要对这方面的缺失尽力弥补。迦陵师确实精力过人，不仅每日睡眠时间极少，甚至住院期间每天凌晨一两点前也从未休息。问起她工作的动力，她说是因为自己从来不是为自我的得失成败而努力，对于自己的作品也从来没有以学术著作自许。因为如果有了私人得失的追求，一旦达到目的，就会失去动力而懈怠。

叶先生读大学时有一次曾跑到广济寺听讲《妙法莲华经》，事后就记下了两句"花开莲现，花落莲成"。迦陵师曾自言：

> 人生就如同花开，你看那莲花展开了，就露出中间的那个莲心，将来就在那里结出莲蓬和莲子。这个莲心就代表着人生的一种觉悟的种子，实际上在花开的时候，你那个觉悟的种子就已经在那里了。可是，在人生花开的季节，繁华的大千世界对你有那么多的诱惑，使你耳迷乎五音、目迷乎五色，盲目地去追求许多外在的东西，在那个时候你是不会觉悟的。只有当你的花瓣都落尽了，你对这个繁华世界的种种追求都落空了，要到那时候，你才能够明白你那个智慧的种子是什么。[1]

1.《九十回眸——〈迦陵诗词稿〉中之心路历程》（上），《南开大学报》2014 年 5 月 16 日。

迦陵师历尽沧桑却对古典诗词的情感一直初心不改,待人诚恳守真。曾有热心文化传承的国家领导带着著名学者编选的拟在小学推广的古典诗词的选本向叶先生请教意见。叶先生不但将此套选本带回温哥华逐页审读、标注发现的问题,而且直言:少儿古典诗词的教育不能仅仅停留在字词句篇翻译成白话而已,比如王之涣的《登鹳雀楼》,"白日依山尽"是向西看到的景象,"黄河入海流"是朝东望见的景象,这是一个人自西向东、举目四望,没有伴侣甚至找不到对手的那种孤独感以及人生无常的悲慨:"依山尽"的"白日"、"入海流"的"黄河"都是不可挽回的无常。所以这个时候,我们需要的是"更上一层楼"——为自己树立更广远的目标和方向,使自己的修养和境界再上一个台阶。这样讲才能让孩子们感受到古诗与自己的生命之间是有联系的,才能使孩子们真正喜欢上古诗,也才能提升孩子们的品格与修养,中国的古典诗词也才能得到传承。

2014年5月10日,在南开大学与中央文史馆联合主办的"叶嘉莹教授九十华诞暨中华诗教国际学术研讨会"开幕式上,澳门实业家沈秉和先生指出,叶先生有着自己对诗之品质的坚持,并深情忆起前岁陪先生讲学于某大学的实况:"那些即将毕业之未来节目主持人——在先生面前做朗诵诗词之表演后,先生的总评,乃如一篇淮南皓月赋:'你们诵读的动作、声音都超过了你们心中对这首诗、这首词的理解,因此是虚伪的。'"沈先生所讲的这次活动，我也是亲历者，不知当时的表演者以及观众作何感想，他们能否如沈先生一样真正体味出一位对诗歌怀有深情的长者如此不留情面的批评背后有着怎样的苦心与期冀。

叶先生其实常常是严于律己、宽以待人的。记得2006年9月，一天早晨7点，我接到叶先生的电话，她说自己不小心摔了一跤。我连忙赶去才知道，叶先生是凌晨1点多从卫生间回卧房时以为走到了床边，结果坐空摔倒，造成左锁骨骨折，整个左肩都塌了下来。但她不愿半夜惊动大家，就一直坚持着到了早上才给我们打电话。在天津骨科医院做完手术的当天夜里，估计是麻醉药劲儿过了，疼痛使其无法入眠，凌晨3点多，她即唤我将稿件和报纸放至枕边阅读。

上个月，叶先生因咳喘住院时也是每日还赶着批改学生根据她演讲录音整理的文稿。每次我带着事务性的工作进入病房时，总有种于心不忍的感觉。但博硕士同门要答辩、出版社要签合同、社科重大项目要中期考核……有一次，我终于忍不住一边翻着需要叶先生签名的文件，一边自嘲地说："叶先生见我真是又爱又恨啊！"没想到迦陵师马上正色答道："我对你只有爱，没有一丁点儿的恨。"我与在旁陪侍的老师、同学相视一笑，大家内心都明白，叶先生其实是对工作只有爱，没有恨。

但叶先生对语言文字的感觉十分锐敏，可谓"字字计较"。不但解读古人作品是这样，帮学生朋友修改旧体诗词如此，就连审校学生们整理的录音文字稿也是如此。

就在前两天,我写文章时引用到《红蕖留梦——叶嘉莹谈诗忆往》中叶先生谈自己讲课心得的一段话:

我真的觉得,什么东西你一写下来,到时候一念,它就没有一个再成长的过程了。我在讲的时候,我不写出来。虽然这些东西以前也讲过,可是到时候它还是在现场新鲜捧出来的,我当时也在感动之中,所以才能带同学们去感动。[1]

叶先生阅后将"捧"改为"涌",并说:前者是有心为之,后者是自然生发,当为整理录音者所误,望改。

再来欣赏"从孤芳自赏到花落莲成",其过程当是自然的,其所成又当是必然的。那么这个"成"是什么?是持守,是完成,抑或就是其本色?

(此文发表于《文史知识》2014年第9期)

---

[1].《红蕖留梦——叶嘉莹谈诗忆往》,台湾大块文化出版有限公司2014年5月版,第465页。

柔蚕老去应无憾，要见天孙织锦成

——专访叶嘉莹教授

问：今年，您已经 90 岁了，依然身体健康、精神矍铄。您近期还在京津地区举办了三场演讲，每次都坚持站着讲两个多小时。很多人都好奇：叶先生，您是怎么养生的？

答：我是以诗词来养生的，因为诗词可以使"人心不死"。我是 1924 年生人，现在 2014 年，我是恰恰整整地来到这个世界上 90 年了。你们今天看见站在讲台上苍然白发的叶嘉莹，这是现在的、眼前的、刹那之间的我。我站在这里，成为今天这个样子，不只是我的形体、我的相貌、我的思想、我的感情，我的一切，为什么成了现在的这个样子，我是怎么样走过来的？我之从事古典诗词的教学工作已近 70 年了，这本不是出于追求学问知识的用心，而是出于古典诗词中所蕴含的一种感发生命对我的感动和召唤。在这一份感发生命中，曾经蓄积了古代伟大之诗人的所有心灵、智慧、品格、襟抱和修养。所以，中国传统一直有"诗教"之说。其实我一生经过了很多苦难和不幸，但是在外人看来，我却一直保持着乐观、平静的态度，这与我热爱古典诗词的确有很大的关系。现在，有一些青年人竟因为被一时短浅的功利和物欲所蒙蔽，而不再能认识诗歌对人的心灵和质量的提升的功用，这自然是一件极可遗憾的事情。如何将这遗憾的事加以弥补，这原是我这些年来的一大愿望，也是我这些年之所以不断回国教书，而且在讲授诗词时特别重视诗歌中感发之作用的一个主要的原因。

问：您一直对自己的老师顾随先生十分感念，不但至今保存着当年听顾随先生授课时的多本笔记，当您从加拿大不列颠哥伦比亚大学退休时，为了纪念顾随先生，还曾将自己退休金的一半（10万美元）捐给南开大学设立了"叶氏驼庵奖学金"，您是如何看待师生之间的传承的？

答：我曾经改写过前人所作的一首《浣溪沙》的小词，写为断句，说："师弟因缘逾骨肉，书生志意托讴吟。只应不负岁寒心。"老师与学生之间的这种情谊，有时甚至比骨肉更亲近。因为骨肉是天生来的，是血缘的关系，在个人的精神、思想上并没有一种自我的选择。而师生的情谊，则是他们的理想和志意的一种传承。所以，很多人都觉得师生的情谊是更为可贵的，这是"师弟因缘逾骨肉"。"书生志意托讴吟"，我们讲授古典诗歌，我们的理想和志意，都是寄托在歌诗里边的，而且不只是我们自己的理想和志意，我们也透过古人的诗歌，把他们的品格、理想，他们的志意、怀抱，他们的情操、修养，传递给学生了。一切物质的东西都是虚空的，只有精神上的传承是永恒不死的。

问：有人称您为"穿裙子的士"［王芳《穿裙子的"士"痖弦访谈录——有关叶嘉莹在台生活的回忆》，《澳门日报》2012年8月8日］**，有人称许您"超海峡，越中西，满天花雨不沾衣"**［《思佳客·心仪叶嘉莹教授久矣今得良晤赋词二首以为誌》（其二），《省堂诗词二集》（陈伯辉著，澳门中华诗词学会2000年版）第92页］**，您自己如何看待出世与入世的问题？**

答：我在大学四年级时，就是北平沦陷后的第七年，最艰苦的一年，我曾写了好几首七言律诗，其中有一首诗里边这样说："入世已拼愁似海，逃禅不借隐为名。"［《羡季师和诗六章，用〈晚秋杂诗五首〉及〈摇落一首〉韵，辞意深美，深愧无能奉酬。无何，既入深冬，岁暮天寒，载途风雪，因再为长句六章仍叠前韵》（其三）］"入世已拼愁似海"，一个人除非不活在世上，"入世"，不说那些为非作歹的，不说那些贪官跟奸商，就是一般的人生活在世界上，你不想做一些事情就算了，如果你想做一些事情，如果你真是想做一番对国家、对社会、对人类有意义的事情，你就避免不了烦琐、避免不了劳苦、避免不了别人的埋怨和责备。如果你不做事，就不落埋怨、不落褒贬。只要你做了，就会有人说，除非你不做。你只要"入世"，就应该拼掉，你做就要负起担当吃苦的责任。可是，你入世不是为了追求现世的成功和名利，所以下句又说"逃禅不借隐为名"。"逃禅"是我内心自有一片安静的境界，我不用隐居在深山，不是说我要躲到深山老林之中做一个高隐之士才能清白，才能得到内心的安静。就在混浊的人世之中，你能不能保存你内心的清白和安静？我不是到深山去禅修，但我内心可以逃禅，可以不被世间干扰，可是我不假借山林隐居去过这样的生活，所以"入世已拼愁似海，逃禅不借隐为名"。你要做一番入世的事，但心理上要保有出世的超越，内心之中有一种平静。我也很奇怪我那会儿不过20岁，怎么会写这样的诗。我现在90岁回头来看，我的性格中可能是有一种坚韧的东西，所以我历经那么多风霜苦难还活下来了。

问：您是否介意具体谈谈您是如何"打破"个人的"小我"？

答：我想一个人是要经过很大的痛苦和打击之后，才能"一拳击碎虚空"。我一生几十年为我的家人而劳苦，我想维持这个家。我刚结婚，刚生下我大女儿，我先生就被关了，我要尽我最大的力量把我的女儿抚养长大。到了北美，我先生没有工作，我的两个女儿在读书，我要用英语教授诗词。我尽我最大的力量查生字备课，我要把这个家维持下来。等到家维持下来了，工作安定了，两个女儿也先后结婚了，但是1976年3月，我的大女儿跟我大女婿发生车祸，两个人都不在了。真是一拳击碎了虚空，让你有一个彻底的大觉悟。当时，我写了《哭女诗十首》，其中第四首云：

万盼千期一旦空，殷勤抚养付飘风。
回思襁褓怀中日，二十七年一梦中。

就是在经过这个打击之后，我才想到，而且也是恰好，恰好赶上我们祖国的开放，恰好赶上我们高考的恢复。所以，我于20世纪70年代末就决定回国来教书。我当时就以这样的理想跑回来教书了。

当我一拳击碎虚空，其实我还写过一首小诗。我在温哥华，有一次下大雪，我们院子里边有一棵树，都是横的枝丫。春天开很好的花，但是雪压得很厚，很多树枝都被压断了。那我就要把这棵树挽救下来，我就拿着一根竹竿，要把树枝上的雪都敲掉。我也写了一首诗：

一竿击碎万琼瑶，色相何当似此消。
便觉禅机来树底，任它拂面雪霜飘。

我说"一竿击碎万琼瑶",那个大雪在树枝上也很美的,我"一竿"把所有的雪都打落了,"一竿击碎万琼瑶,色相何当似此消"。人生的种种色相,你对这个繁华世界、对感情世界的种种留恋,"一竿击碎",所以我说"一竿击碎万琼瑶,色相何当似此消。便觉禅机来树底"。当我一竹竿把所有的积雪,那么美丽的雪,像花一样的,"忽如一夜春风来,千树万树梨花开",树上像开了很多的花,一竿都把它击碎下来了。"色相何当似此消。便觉禅机来树底,任它拂面雪霜飘",再有风雪扑面地吹来,我也不怕了,"任它拂面雪霜飘"。我一生都不是我的选择,我的结婚不完全是我的选择,我到台湾去也不是我的选择,我去美国也不是我的选择,留在温哥华也是偶然的机会,并不是我的选择。当我一切都失去了,我做出了自己的选择,我就选择了回国来教书。

问: 从1945年自辅仁大学毕业至今,您已执教近70年,不仅中间从未间断,甚至您的两个女儿都是出生在暑假,您连产假也没有休过。而且,您还常常同时兼任数所中学或大学,乃至教育电台、教育广播的主讲教师。这种对于教育工作的勤勉,完全是出于对古典诗词的热爱吗?

答: 回顾我平生走过的道路,是中国的古典诗词伴随了我一生。我从一个童稚天真的诗词爱好者,首先步入的是古典诗词创作的道路;后来为了谋生的需要,又步入古典诗词教学的道路;

而为了教学的需要，我又步入了古典诗词理论研究的道路。我对创作、教学和科研本来都有着浓厚的兴趣，但一个人的时间和精力毕竟有限，何况我还经历了诸多忧患。首先是为了教学与科研的工作，而荒忽了诗词的创作，又为了繁重的教学工作，而没能专心于科研。在创作的道路上，我没有能够成为一个很好的诗人；在研究的道路上，我也没有能成为一个很好的学者。那是因为我在这两条道路上，都没有做出全身心的投入。而在教学的道路上，虽然我也未必是一个很好的教师，我却确确实实为教学工作投入了我大部分的生命。因为我觉得创作更多的是为一己之扬名，著述亦属个人思想之传播，我更愿意将自己的时间与精力投注到引领更多的人——尤其是青年朋友们，一起去认识中国古典诗词的美好，去吸收中华优秀传统文化的滋养。

问：2013年底，您获得了"中华之光——传播中华文化年度人物奖"，颁奖词指出："天降大任于斯人，十方遍布迦陵音。转蓬万里，根在华夏，一世多艰，深情不变。师承一代名家，海外别有建树。在世界文化之大坐标下，定位中国传统诗学。她是白发的先生，诗词的女儿。"作为当代第一解诗人，您能否深入谈谈自己解诗谈词的独得之妙？

答：我说一般讲诗有三个层次。第一个层次是直觉的、感性的层次，就是你直觉的感受。我记得我当年读俞平伯先生的一本小书，叫《读词偶得》，里边讲到温庭筠的一首《菩萨蛮》，头两句是这样说的，说是"水精帘里颇黎枕，暖香惹梦鸳鸯锦"，在水精帘里边，一个女子睡在玻璃的枕头上，在她温暖的闺房之中有焚香，引起了她一些个怀思的远梦——她睡在有鸳鸯图案的锦褥之上。俞先生说，"水精帘里颇黎枕，暖香惹梦鸳鸯锦"，无论知与不知、识与不识，尽人皆知是好言语。不管你懂不懂温庭筠说了些什么，到底什么意思，你不懂没有关系，可是你一读，觉得它的意象很美，声音也很美。我说这是第一个层次的阅读，就是不懂没有关系，我就直觉地觉得它很美。我想李商隐的诗，"锦瑟无端五十弦，一弦一柱思华年。庄生晓梦迷蝴蝶，望帝春心托杜鹃。沧海月明珠有泪，蓝田日暖玉生烟。此情可待成追忆，只是当时已惘然"，你不懂没关系，你觉得很美，声音很美，形象也很美，这是第一个层次的阅读。

第二个层次的阅读是知性的、理性的阅读，就是说要考察它的历史、它的背景、它的思想、它的意念，这是理性的一种阅读。

第三种是完全属于读者接受的阅读，西方讲读者的阅读，说我们读者诠释一首诗，不一定是作者原来的意思。我讲的不一定是李商隐的意思，俞平伯先生讲的，也不一定是温庭筠的意思，这是读者的诠释。

而在读者的诠释里，有一种西方认为很新的方法，我以为这其实是我们中国诗歌历史上最古老的一种方法。他们管它叫作什么呢？西方管它叫作"creative betrayal"，这是由意大利学者墨尔加利提出的，"creative"是"创作"，"betrayal"是"背叛"，合起来可译为"创造性背离"。创造性背离的意思是，当我们阐释一个作品的时候，其中就有了我们的创造，而我们的创造却很可能背离了作者的原意。这是很有意思的一件事，像王国维在《人间词话》中把古人写爱情的小词说成"成大事业、大学问"的三种境界，就是这样一个例子。王国维说，古今成大事业、大学问者，要经过三种境界，"昨夜西风凋碧树。独上高楼，望尽天涯路"，他说这是成大事业、大学问的第一种境界。其实晏殊的词，只是相思离别的小词。王国维还说柳永的词，"衣带渐宽终不悔，为伊消得人憔悴"，他说这是成大事业、大学问的第二种境界。柳永也许只是狭邪之游，写对女子的相思，没有王国维所说的这个意思，可是王国维说他有，这可以说是所谓创造性的背离。而我以为中国诠释诗歌的创造性的背离，比王国维更早，这是中国最古老的、孔子说诗的一种方法。孔子说诗可以"兴"，这个"兴起"的"兴"有两个读音：你说"兴起"，动词就是兴，读平声；把它当作名词就是兴（xìng）。孔子说诗可以给读者一种兴发感动，正是诗歌引起了你更多的感发和联想，甚至于不一定是诗原来的意思，正是这样的感发，是诗歌最大的生命力。

在《论语》里，孔子有两个地方讲到诗，一次是子贡说："贫而无谄，富而无骄，何如？"子曰："可也，未若贫而乐，富而好礼者也。"子贡曰:《诗》云:'如切如磋,如琢如磨。'其斯之谓与!"子曰:"赐也,始可与言《诗》已矣,告诸往而知来者。"子贡所说,从修身的道德"贫而无谄,富而无骄",想到诗歌的句子,正是一种创造性的背离。《论语》上还记着子夏跟孔子的一段谈话,子夏曾经问孔子:"'巧笑倩兮,美目盼兮,素以为绚兮。'何谓也?"素是白颜色,绚是彩色,为什么白色反而使彩色绚丽呢?孔子说,"绘事后素",子夏就明白了这个道理。本来是诗的句子,子夏却因此了解了一个做人的道理。子夏说:"礼后乎?"本色是重要的,礼貌外表的形式是后加的。所以,像孔子跟子贡、子夏的谈话,都是背离了诗歌原意的丰富的联想。可是孔子赞美,说:"赐也,始可与言《诗》已矣。"说:"启予者商也,始可与言《诗》已矣。"

当一个读者在读一首诗或一首词的时候,不仅仅能从里边探讨作者的原意,而且从里边产生了一种新的感动,读出了一种真正属于自己的东西、一个从自己内心兴发出来的东西,这样来读诗词,才是真正会读诗词的人。

这种阅读的方法,其实也就是古人所说的"兴"的方法。马一浮先生在他的《复性书院讲录》里就曾有过"感而遂通"的说法。他说:"须是如迷忽觉,如梦忽醒,如仆者之起,如病者之苏,方是兴也。"又说:"兴便有仁的意思,是天理发动处,其机不容已,诗教从此流出,即仁心从此现。"这些话听起来比较玄妙，其实也并不玄妙。这就是我刚才所说的，"诗的作用就是使人心不死"。凡是好的诗，里边都有一种感发的生命，这种生命是永远不死的，它可以一生二、二生三、三生无穷。我们中国在几千年的历史中，有那么多伟大的诗人给我们留下了那么多好的诗篇，让千年之后的我们读过后内心产生震动，从而霍然兴起，这是一件多么美好的事情！我认为，这才是我们今天读古代诗词真正的价值和意义之所在。

问：著名红学家冯其庸曾经称赞您的诗词讲解是"阐说精妙，启发无穷"，是不是就在于您的解诗往往能进行一种"创造性的背离"？能否再谈得具体些？

答：我可以举我自己在20世纪70年代初所写的《梦中得句杂用义山诗足成绝句三首》为例。这三首诗的由来，实在是我当时真的在梦中得到了几句诗句，醒来以后怎么接也接不好，于是只得杂用李商隐的诗句来把它们补足完成了。我在温哥华的一个朋友读了这三首诗之后对我说："李商隐的诗句是你从他的好几首不同的诗里边摘录来的，怎么和你的句子合到一起之后就成了意思很完整的三首诗啊？"他说得一点儿也不错，这里边虽然有很多李商隐的诗句，但它们已经脱离了李诗的原意，而成为我自己在当年那个生活背景下对李商隐诗的接受和反省了。因此，这三首诗也是我对义山诗的一种"创造性背离"吧。先读第一首：

> 换朱成碧余芳尽，变海为田夙愿休。
> 总把春山扫眉黛，雨中寥落月中愁。

在这里边，我梦中所得的是头两句"换朱成碧余芳尽，变海为田夙愿休"：红花都已落尽，都变成绿叶了，而我当年曾经有过的美好愿望也都已经落空了。你要知道，我25岁结婚，26岁我才生下我的大女儿不过四个月，我的先生就被抓起来了，27岁我也被抓起来了。现在的年轻人喜欢说"享受青春"，可是那时候我觉得我的青春就如同王国维那首咏杨花的《水龙吟》词中所说的"开时不与人看，如何一霎蒙蒙坠"，我的花根本不曾开过，便已经凋残零落了。所以这两句是我的，是我在梦中得到的。醒了以后呢，我就凑不下去了，于是我就在下边接了李商隐的两句。第一句"总把春山扫眉黛"出于李商隐的《代赠》：

> 东南日出照高楼，楼上离人唱石州。
> 总把春山扫眉黛，不知供得几多愁。

李商隐这个人，他有很严肃、很深刻的诗，有很感慨的诗，有讽刺的诗，但是也有开玩笑的诗。这就是一首开玩笑的诗，是他替他的一个朋友写了赠给一个女子的。诗中说这个女孩子在和那个朋友分别后相思怀念，说她"总把春山扫眉黛"，但是"不知供得几多愁"？因为女人认为画眉是最重要的，颦眉就代表了她的忧愁哀怨。所以，李商隐这首诗一点儿深意也没有，在他的集子里并不是一首好诗。第二句出于李商隐的《端居》：

远书归梦两悠悠，只有空床敌素秋。
阶下青苔与红树，雨中寥落月中愁。

李商隐一生漂泊幕府，他说，我盼望家人的消息但是没有书信，盼望夜里做梦回到家中但是也没有做梦。秋天到了，陪伴我抵挡寒冷的只有我睡的一张空床。现在阶下长满了青苔，树叶子都变红了，它们和我一起在秋风中寂寞、忧愁。这当然是一首好诗，写出了他在客居中心情的冷落和寂寥。但是这两句若是结合起来接在我梦中所得的两句诗后边呢，它所表现的，就不再是李商隐的原意，而是李商隐的诗对我内心生命的一种感发和我自己在当时的一种感受了。

下面再看《梦中得句》的第二首：

波远难通望海潮，硃红空护守宫娇。
伶伦吹裂孤生竹，埋骨成灰恨未销。

我在梦中所得的，是头两句"波远难通望海潮，硃红空护守宫娇"。"望海潮",本来也是一个词调的名字。我一心希望海潮来到,能够为我带来我所怀念的消息,但是它和我隔绝了,而且隔绝得是那么远。睡梦里其实也没有显意识,通与不通地就出现了这么一句。下句中的"守宫"就是壁虎。古人传说,每天喂壁虎吃朱砂,它就会通体变成红色。然后把它捣碎,点在女子的手臂上,那红点可以终身不灭。但如果女子失去贞洁,那红点就消失了。所以在男性的社会,男子以此来检查女子的贞洁。"砾红空护守宫娇",是说纵使没有男子的约束,女子仍然愿意持守自己的贞洁,使自己臂上的朱砂永远是娇红色的。下边的"伶伦吹裂孤生竹,埋骨成灰恨未销"两句呢,就又是李商隐的诗了。第一句出于《钧天》:

上帝钧天会众灵,昔人因梦到青冥。
伶伦吹裂孤生竹,却为知音不得听。

　　传说天上的钧天广乐,是人世间从来没有的最美的音乐。说是赵简子做梦到了天上,就有幸听到了钧天广乐。"伶伦",据说是黄帝时的乐官,会吹笛子。"孤生竹",用孤生之竹做的笛子,多么坚硬,多么挺拔!而且,伶伦是用自己的生命在吹奏笛子,他把笛子都吹裂了,但是有人听懂吗?有人欣赏吗?有人被他感动吗?李商隐说没有,没有一个真正理解他的人能够听到他的吹奏。

这也是李商隐写得很好的一首诗。下一句的"埋骨成灰恨未销",出于李商隐的《和韩录事送宫人入道》:

> 星使追还不自由,双童捧上绿琼辀。
> 九枝灯下朝金殿,三素云中侍玉楼。
> 凤女颠狂成久别,月娥孀独好同游。
> 当时若爱韩公子,埋骨成灰恨未休。

这又是一首开玩笑的诗了。唐朝的宫中女子常常被送去做女道士。李商隐的同事爱上了一个宫女,但是现在皇帝把她送去出家做女道士了。李商隐就说:若是这个女子真的爱你的话,她现在去做了道士,你们也只有长恨永别了。这首诗写得真是没有什么意思,但我记忆里有这首诗,于是就取了其中最后的一句"埋骨成灰恨未休"。至于我把原句中的"休"改为"销",则是因为押韵的关系。

下面,再看《梦中得句》的第三首:

> 一春梦雨常飘瓦,万古贞魂倚暮霞。
> 昨夜西池凉露满,独陪明月看荷花。

这首诗里只有最后一句"独陪明月看荷花"是我的,其他三句都是李商隐的。首句"一春梦雨常飘瓦"出于李商隐的《重过圣女祠》：

> 白石岩扉碧藓滋，上清沦谪得归迟。
> 一春梦雨常飘瓦，尽日灵风不满旗。
> 萼绿华来无定所，杜兰香去未移时。
> 玉郎会此通仙籍，忆向天阶问紫芝。

"白石岩扉碧藓滋"是写圣女祠所在之地的环境；"上清沦谪得归迟"是写女神被贬下来没有回到天上去；三、四句"一春梦雨常飘瓦，尽日灵风不满旗"是描写圣女祠外的景物；五、六句"萼绿华来无定所，杜兰香去未移时"无非是说两个女仙这个来了、那个走了，其实并没有很多意思，他只是要用这两个女仙的名字而已；结尾两句"玉郎会此通仙籍，忆向天阶问紫芝"则是说希望能够有一种感应，或者是一种遇合。可是，这"一春梦雨常飘瓦"被我取下来之后呢，就和他原诗里的意思完全不同了。原诗里这句只是写圣女祠外的景物。由于是写女仙的祠，所以虽然有风有雨，却写得很柔、很缥缈。而我把它和李商隐另一首诗中的"万古贞魂倚暮霞"结合起来，形成了偶句，那就完全不同了。这"万古贞魂倚暮霞"出于李商隐的《青陵台》：

青陵台畔日光斜，万古贞魂倚暮霞。
莫讶韩凭为蛱蝶，等闲飞上别枝花。

这"青陵台"有一个传说故事，说是从前有个宋康王，他看见韩凭的妻子貌美，就霸占了她，而韩凭则因此自杀了。那么，韩凭的妻子呢？她就"阴腐其衣"，就是偷偷地把自己的衣服腐蚀、弄坏掉，在和宋康王登上青陵台的时候就从台上跳了下去。左右侍女抓住她的衣服，但衣服随手破碎，她就这样自杀死去了。宋康王故意把她和韩凭的两个坟墓遥遥分开，但是从两个坟墓上生出了两棵树，树的枝叶很快就纠结在一起，形成了一对连理树。至于蝴蝶呢，过去也有这样的传说，说夫妻二人因爱情而殉情，死后就会变成蝴蝶。所以，李商隐就写了这首《青陵台》。他说，在青陵台畔斜日的余晖下，这个殉情女子的贞魂在暮霞的霞光之中等待，可是你知道不知道，当韩凭的魂魄变成蝴蝶之后呢，它可能很轻易地就飞到别的花枝上去了啊！李商隐这个人，他对一切事情常常持悲观态度，就像他有一首咏月亮的诗说，"初生欲缺虚惆怅，未必圆时即有情"——人总是不希望月缺而盼望月圆，可是月圆的时候真是那么美好吗？"等闲飞上别枝花"，这是李商隐对人的美好愿望的一种怀疑，甚至还有一些讽刺的意思。那么，"一春梦雨常飘瓦，万古贞魂倚暮霞"呢，就完全没有李商隐的这些意思了。由于它们结合起来之后形成了一组对偶，同时也就产生了一种境界。"一春梦雨常飘瓦"代表了一种美好的梦想，它是那么柔美、那么飘扬；"万古贞魂倚暮霞"代表了一种品节，它像西天晚霞那样高远灿烂、恒久不变。于是，这两句诗就生出了一种象喻的含义。

"昨夜西池凉露满"出于李商隐的《昨夜》：

> 不辞鶗鴂妒年芳，但惜流尘暗烛房。
> 昨夜西池凉露满，桂花吹断月中香。

我曾经说过，李商隐对令狐绹的疏远与不加援引是有怨意的，像我上次讲过的那首《九日》就表现得很明显。这首《昨夜》，有人认为他也有这种意思。为什么说"鶗鴂妒年芳"呢？因为屈原的《离骚》说过："恐鶗鴂之先鸣兮，使夫百草为之不芳。"只要鶗鴂鸟一叫，春天就过去了，群芳就都零落了。可是，李商隐说对这个结果我"不辞"，因为我不觉得这有什么可痛惜的。每个人都会衰老，我知道这是定命，是不可改变的。我所痛惜的，是"流尘暗烛房"。"烛房"是蜡烛的芯，它在蜡烛燃烧的时候是最光明、最热烈的，可是现在它完全被尘土遮蔽了。也就是说，我期待得到一个人对我的理解，可是我没有得到。这对我来说才是最可痛惜的一件事。更何况呢，那是在一个何等寒冷、凄凉的环境之中，是"昨夜西池凉露满"。古人传说，月亮里有桂树，每当阴历八月十五的时候,人们就可以闻到月中桂花的香气,桂花的桂子会坠落到人间来。"桂花吹断月中香"是一个倒装的句子,他是说,月中桂花的香气都完全被风吹断了。也就是说,他所追求的希望完全断绝了,落空了。当然,你也可以这样联想,古人还有"蟾宫折桂"的说法,它代表男子仕宦的愿望得到了满足,而现在呢,不但蟾宫的桂你折不到,就连这桂花的香气都已被风吹散,你连闻也闻不到了。

总而言之,就作者的原意来看,李商隐《重过圣女祠》的"一春梦雨常飘瓦"是写景的;《青陵台》流露出一种对美好传说的怀疑;《昨夜》则很可能是他对自己仕宦不得意的感慨。但是,他的诗句被我结合起来的时候就都抽离了原诗的意思,产生了新的结构和新的含义。"一春梦雨常飘瓦,万古贞魂倚暮霞",这是我自己的梦想和持守;"昨夜西池凉露满",是说无论在什么样的环境下,我都不会放弃我的追求和向往;"独陪明月看荷花"则表现了我的性格。每个人的性格都是不同的,有时候它也会在梦中的潜意识里有所流露。

我现在解释了我的三首《梦中得句》。我用了李商隐的好几首诗里的诗句,但它们现在所表达的已经不是李商隐诗里的原意,也不是我对李商隐诗的阐释,而是一种 creative betrayal,也就是所谓创造性的背离,是李商隐的诗所引起来的我的感发。而那是什么?那就是古典诗歌所独具的兴发感动的生命,它可以在千年之后的读者心中生发运作,因而是永生不死的。

问:20世纪90年代初期,您就撰写了《谈古典诗歌中兴发感动之特质与吟诵之传统》一篇重要的长文,对吟诵的历史传统,以及吟诵在诗歌形式方面所造成的特色,在诗歌本质方面所造成的影响,以及吟诵在教学方面的重要性和所应采取的培养和训练的方式,都做了探讨和说明。很想听您谈谈对吟诵的认识。

答:吟诵就是诗歌活泼的声音。不会吟诵,诗歌的生命是僵硬的。

从周朝开始,教小孩子的方法、教诗的方法,就是兴、道、讽、诵、言、语。第一个先要"兴",就是"兴起"的"兴",我们名词时念 xìng,动词念 xīng,就是你先要引起小孩子内心,让他的心先活起来,让他的心有一种感应,让他的心有一种感动。不是像现在为了应付考试死记硬背,完全不是,所以教小孩子,第一要让他内心动起来。然后"道",你就引导他,你用古人的诗,用你的讲解引导。接下来是"讽",讽就是让他背下来。再就是"诵",就是吟诵,他就透过声音背诵跟这首诗结合在一起,而且有你以前的"兴""道"就给他一个感动。我说诗歌最大的好处就是让人心不死,这个就是"民吾同胞,物吾与也"。你看到花开花落、月缺月圆,都会有情。你如果对草木鸟兽都有情,对人类当然也有情了，不会做那种昧心的事情。只要自己发财，坑害人民的事情，就不应该去做了。

刘勰的《文心雕龙》中说："文之思也，其神远矣。故寂然凝虑，思接千载；悄焉动容，视通万里；吟咏之间，吐纳珠玉之声；眉睫之前，卷舒风云之色……然后使元解之宰，寻声律而定墨。""寻声律而定墨"，意思是作诗时声音是很重要的，灵感往往按照声音的节奏流淌出来。所以才会有"熟读唐诗三百首，不会作诗也会吟"之说。会吟诗的人，一念诗的时候就带着吟诵的味道，而吟诵就是诗歌活泼的声音。不会吟诵，就算是一个字一个字地把平仄念对了，诗歌的生命却还是僵硬的。吟诵不只使吟诵者自己有所感发，对于作诗有重要作用，还能引起听众的感发。

我觉得学旧体诗，如果有吟诵的功夫会写得更好。因为那些诗呢，不仅是一个个文字的排列组合，它要有一种情韵在内部起着组织、贯穿的作用。这种情韵往往是用声音表达出来的。在写作里边呢，诗词是一种非常精致的文学创作，还不像文章那般，写得通顺，把意思说明白就好了，它是要传达内心最深邃、最微妙的一种很细腻的感情。而这种感情不只是说你把它理性意义说明白就好了，你要用很精微的语言把感性之感受说出来。而这种感受，有时候要通过吟诵把它培养出来。不仅要用智性的、右边的脑子去讲，还要用感性的、左边的脑子去感受。

中国古人的修养并不是向外张扬的。你看中国古代的音乐，像古琴、瑟，在大庭广众的演奏厅演奏都并不合适。我们中国"行有不得反求诸己"，都是内向的，是你自身的、正心诚意去修身的，是向内在的追求。所以，我们中国的古典诗歌是吟诵，而吟诵也应该是在夜深人静、清风明月之夜，自己拿一本古诗，把你的心灵、感情、意念都跟那首诗打成一片的时候。不仅是从理性的、知识上打成一片，更是要从感性上打成一片。古人作诗的时候，李白、杜甫他们也是带着吟诵的声音作出来的。我们作诗不是查一本韵书，然后一个字一个字地用理性想出来的，而是伴随吟诵的声音而作的。所谓字从音出、字从韵出，你使用的文字是从它的发音、它的声韵出来的。所以，作诗的时候为什么用这个字，不用那个字，有的时候是因为意思的关系，有的时候是因为声音的关系。而当你做这种斟酌的时候，不是纯粹的理性，是你吟诵的时候结合着声音辨别出来的。那是一种很微妙的作用，所以吟诵才重要。

问：关于中国古典诗词，现代人能读懂的越来越少了，那么中国诗歌会灭亡吗？

答：我以为不会。中国古人作诗，是带着感情而写的。他们把自己内心的感动写出来，千百年后再读其诗作，依然能够受到同样的感动，这就是中国诗歌的生命。所以说，中国诗歌绝对不会灭亡。因为，只要是有感觉、有感情、有修养的人，就一定能够读出诗词中所蕴含的真诚的生命的感动，这种感动是生生不已的。

真正的精神和文化方面的价值，并不是由眼前物欲的得失所能加以衡量的。20世纪以来，西方资本主义过分重视物质的结果，已经引起了西方人的忧虑［如美国芝加哥大学教授艾伦·布鲁姆（Allan Bloom）的专著《美国精神的封闭》（*The Closing of the American Mind*）］。而在我看来，学习中国古典诗歌的用处，也就正在其可以唤起人们一种善于感发、富于联想，更富于高瞻远瞩之精神的不死的心灵。而如果把中国古典诗歌放在世界文学的大背景中来看，我们就会发现中国古典诗歌的特色实在是以这种兴发感动之作用为其特质的，所以《论语》说"诗可以兴"，这正是中国诗歌的一种宝贵的传统。我坚信中国古典诗词的内在精神和兴发感动的生命不会中断，而中华文化的长流也一定能够绵延不绝，惠泽未来的世世代代。

问：最后，请您谈谈对当代青年人抱有怎样的希冀？

答：2007年，我曾写过《连日愁烦以诗自解，口占绝句二首，首章用李义山〈东下三句苦于风土马上戏作〉诗韵而反其意；次章用旧作〈鹧鸪天〉词韵而广其情》，可以作为我的回答，诗是这样说的：

一任流年似水东，莲华凋处孕莲蓬。

天池若有人相待，何惧扶摇九万风。（其一）

不向人间怨不平，相期浴火凤凰生。

柔蚕老去应无憾，要见天孙织锦成。（其二）

30多年前，我真是抱着满怀的希望、热情回来的，我希望我真的能够遇到资质美好的青年，真正能够培养出来好的下一代，看到祖国真正的复兴。我是满怀这样的希望回来的，90岁了，我还在教书。古人说："人之所以异于禽兽者几希。"（《孟子·离娄下》）一个人若没有理想、没有持守、没有道德，那么他就跟动物一样，甚至比动物还不如。因为动物只是出于本能，出于生活的需要，才做那样的事情。而现在的一些人，可以用种种手段、种种机谋做很多伤天害理的事情。因此，有的人就对这个社会感到悲观、感到失望，觉得这个社会没有希望。其实，每个人的希望都在于自己。每个人对自己的心之所向，都应该有一个持守：你的心是向着哪一方面的。你不要站在负面的那一方面，要站在正面的那一方面。你不要觉得一个人的力量是小的，每个人的心之所向都是重要的。我们国家走到今天，不再像当年的晚清那样受列强的侵略和宰割。我们现在能够站立起来，不是一件容易的事。大家应该珍惜这个机会，珍惜这个时代。我希望所有年轻的朋友，珍重你们自己，珍重你们自己的希望，珍重你们自己的理想。不要在社会中一些堕落的、败坏的、邪恶的东西中迷失自己。

［此文发表于《国学新视野》(香港)，2014年夏季号］

入世已拼愁似海，逃禅不借隐为名

——叶嘉莹的入世与出世

今年季夏，叶嘉莹将迎来自己 90 岁生日。

70 年前，年仅 20 岁的叶嘉莹作为北平辅仁大学四年级的学生写下了"入世已拼愁似海，逃禅不借隐为名"的诗句。

2014 年 3 月 22 日，叶嘉莹应邀在北京做的《九十岁的回眸——诗词稿中我的心路历程》演讲中，对这两句诗做出了如下解说：

> 你除非不活在世界上，一般的人生活在世界上，如果你想做一些事情，如果你真是想做一番对国家、对社会、对人类有意义的事情，只要你做了，就会有人说长道短，除非你不做。你做就要负起担当吃苦的责任。可是，你入

世不是为了追求现世的成功和名利,所以下句又说"逃禅不借隐为名",不是说要躲到深山老林之中做一个高隐之士才能清白,你要做一番入世的事,但心理上却要保有出世的超越,内心之中有一种平静。

叶嘉莹年少时这样写的,暮年时这样讲的,一生也是这样做的:求学生涯是在沦陷区的北平度过的,不满 20 岁时母亲病逝,不满 30 岁时在台湾因白色恐怖带着不满周岁的女儿被关进监狱,40 多岁为在北美高校讲授中国古典诗词开始学习英文,50 多岁又经历了丧女之痛。但叶嘉莹凭借古典诗词中所蕴含的感发生命与人生智慧来面对人生中的穷通祸福、离合悲欢,又以传承古典诗词文化来实现自我超越。她自己说:"我亲自体会到了古典诗歌里边美好、高洁的世界,而现在的年轻人,他们进不去,找不到一扇门。我希望能把这一扇门打开,让大家能走进去,把不懂诗的人接引到里面来。这就是我一辈子不辞劳苦所要做的事情。""文革"后不久,叶嘉莹就向中国驻加拿大使馆提出了回国教书的申请。当时,国内的生活条件与北美相比还有较大的差距,她坚持每年利用假期自费回国教书,且于 20 世纪 90 年代初将自己退休金的一半捐作奖学金。现如今,在很多人为了逃避雾霾而移居国外时,叶嘉莹又决意放弃风景宜人的山海之城温哥华的舒适生活,晚年回国定居。

叶嘉莹自 1979 年开始回国教书以来，几乎每年有一半的时间在国内教学、演讲、著述。除了不时见诸报刊、电视等媒体的新闻报道外，其生平经历、治学态度、教学特色、学术见解、诗词创作等也不断成为海内外学界关注的对象，至今已涌现出百余篇相关论著、数十篇博硕士学位论文。叶嘉莹被誉为"穿裙子的士"，也被称许为"超海峡，越中西，满天花雨不沾衣"，不仅是因为她在传统文化与现代学术之间、在中国经典与西方文论之间、在海峡两岸之间搭建了沟通之桥梁，更是因为她以自己的生活践行了一个士人的品格与操守。她经常称述自己从老师顾随先生所领悟的一种人生观："一个人要以无生之觉悟为有生之事业，以悲观之体验过乐观之生活。"

有人曾将叶嘉莹的生活概括为传道士加苦行僧：一方面，她有着传道士般的精神追求，始终以传播中华古典诗词中之感发生命为职志，至今每年仍不辞辛苦地来往于美国、加拿大、中国（大陆及港澳台）之间，为普及和振兴中华古典文化做着不懈的努力；另一方面，她苦行僧般地生活，数十年如一日地本色简朴。最近不到一年的时间内，虽已接连付梓了两本叶嘉莹的传记——《红蕖留梦——叶嘉莹谈诗忆往》及《千春犹待发华滋——叶嘉莹传》，但仍有人关心叶嘉莹日常的生活究竟如何？她又是怎样从苦行僧般的生活中享受着自己的独有之乐？笔者有幸于 2012 年至 2013 年在加拿大不列颠哥伦比亚大学亚洲系访学期间寄宿在叶先生家，每日随其至不列颠哥伦比亚大学（UBC）亚洲图书馆，亲身体验了她数十年如一日的生活之平淡简单与传承中华文化之勤勉执着。

温哥华是座多雨的城市。刚到这里的时候，我说它的天气预报真是难报，因为依山傍海，忽然间不知哪里飘来一朵云彩就会下一阵雨，很难预计。后来，我改变了想法：其实这里的天气预报也容易，每天都报成"今日多云转晴，有雨"，基本就不会错啦。叶先生曾送我一顶雨帽，在国内很少用到，但在温哥华却派上了用场。这顶雨帽由无色透明的塑料制成，质地薄而轻软，方便折叠后随身携带。下雨时套在头上，两端一系，可以很好地保护头发不被淋湿。取下后，用手抖弄两下，很快就干爽了。叶嘉莹通常将车泊在UBC的西蒙菲莎停车场（Fraser Parkade），我们出来需要露天步行五十米左右进入亚洲图书馆，如果有雨就戴上雨帽，还不影响双手拎书包、电脑和便当。好在温哥华飘的多为蒙蒙细雨，即使不撑伞，身上也不至于淋个落汤鸡般的狼狈。只是我在温哥华还没见到第三个戴雨帽的人。叶先生笑称这是二三十年前流行的东西，估计已被时尚的年轻人视为古董了。记得有一次从UBC的亚洲图书馆出来，我们上车后发现天上一半是黑云、一半是晴空。我说温哥华不仅一日内天气状况多变，同一时间不同街区也是天气各异。叶先生则说："东边日出西边雨嘛！"于是她背诵起自己的两句诗："云端定有晴晖在，望断遥空一抹蓝。"

(《雾中有作七绝二首》之二)

或许正是由于这份乐观坚定的信念，叶嘉莹面对着生命的无常总能持有一种"莫听穿林打叶声，何妨吟啸且徐行"（苏轼《定风波》）的从容，她格外欣赏杜甫《寄彭州高三十五使君适、虢州岑二十七长史参三十韵》中的两句诗："男儿行处是，客子斗身强。"叶嘉莹少年成长时期无法依靠父母，因当时生活在沦陷区，父亲在后方抗战区工作，母亲在抗战第四年因病去世；叶嘉莹漂泊海外时期也不能依赖丈夫，其夫赵钟荪先生在台湾的白色恐怖时期曾被捕入狱三年，之后就长年失业；甚至到了晚年叶嘉莹也没有归依子女，大女儿和女婿于20世纪70年代中期车祸离世，小女儿如今也因癌症复发需要长期治疗……但是叶嘉莹不会永远沉陷在人生际遇的悲苦挫伤之中，支撑她超越无常悲苦的力量正是源自中国古典诗词。

> 我是在忧患中走过来的，诗词研读不是我追求的目标，而是支持我走过忧患的一种力量。……它使我真的超越了自己的小我，不再只想自己的得失、祸福这些事情，才能使自己的目光投向更广大、更恒久的向往和追求。

而面对日常生活的琐细繁杂，叶嘉莹也同样能时常保有一种赏玩的心情。做饭的厨房、洗澡的浴室、缝补衣物的起居室都常常会传出她抑扬婉转的浅吟低唱。叶嘉莹每日的早餐就是两片面包，一碗豆浆煮麦片。即使是吃这两口饭，她也往往会打开电脑，一边读邮件一边囫囵吞枣地仓促吃完。只要 UBC 的亚洲图书馆开放，她都会到那里去查资料、写作和研究，风雨无阻。除了午间到亚洲系的休息室用自带的午餐外，她要在图书馆一直待到关门才离开。叶嘉莹的午餐是自做的三明治、蔬菜沙拉、煮蛋和水果。所谓三明治不过是两片面包，一片涂上果酱，一片涂上花生酱，中间夹片火腿而已；所谓沙拉不过是将西芹、苦瓜、彩椒、西蓝花等蔬菜切丁后用开水烫一下，并不添加任何作料或沙拉酱。晚上回家，她通常是煮面，因为煮面条最省事：水烧开了，放些青菜、豆腐，偶尔放一块烤鸡肉或半条鱼进去，然后面条一煮就行了。叶嘉莹常说："怎么省事怎么来，吃什么都无所谓，填饱肚子而已。"晚餐时刻大概是她一天中最轻松的时分，边吃饭边浏览报纸。叶嘉莹最喜欢翻阅的栏目是时事新闻和文艺副刊，遇到关心的话题或精彩的文章，她常常会轻声诵读。晚饭后，叶嘉莹要处理邮件，遍布全球的叶门弟子及朋友们有的会传来诗词新作、有的会传些有趣的视频链接、有的请她写评鉴材料、有的请她批阅最近的论文、有的汇报工作、有的倾诉衷肠……总之，叶嘉莹只要血压平稳，就会用一个手指敲打键盘，逐一回复。哪怕是收到群发的风光图片，她也会认真地复上"收到，谢谢"。待其要洗漱做操时往往已至午夜时分，她上床休息更要迟至凌晨一两点，日日如此。

叶嘉莹惜时如金。基本上所有的会谈，她都安排在午间 UBC 亚洲系的休息室，一边吃自带的午餐，一边与这些来自各地的学生、拜访者、记者等聊天。用餐完毕，叶嘉莹即刻上楼到自己的"斗室"继续用功。"斗室"其实是 UBC 亚洲图书馆提供给研究者们使用的小房间，仅能容下一张台子、一把椅子而已。三面墙上分别钉有书架、黑板和木板。叶先生房间内台子上端的书架上堆满了她手写的文稿、复印的资料，台子左侧的书架上则是她正在阅读使用的书籍文献，台子右侧的木板上订着一张张的小纸条，上面蝇头小字密密麻麻地记录着叶先生曾经查阅的资料条目，木板旁的黑板上叶先生用粉笔做备忘录。UBC 亚洲图书馆二层内共设有 11 个这样的小房间，笔者也申请到一间，就在叶先生"斗室"的隔壁，叶先生的房间号码为"XX"，笔者的房间号码则为"YY"。使用者可在卡片上写下自己的名字，将卡片插入房号下的透明格内，表示此室有主。除了偶尔见到有人在"斗室"用一两个钟头的功外，其他 9 间斗室绝大多数时间都空着。因为"斗室"设在二楼，而烧开水的休息间是在地下一层，叶先生说先前没有笔者相伴的日子，她自己在图书馆就从不打水喝，一来节约时间，二来也省去了上洗手间的麻烦。每天我随叶先生离开图书馆的时候，工作人员就起身取钥匙准备锁门。叶先生俨然已经成为这里的一道风景！

生于荷月的叶嘉莹喜欢荷花，温哥华虽然难觅荷花的踪迹，但友人们常常会将拍摄的荷花图像送给叶嘉莹观赏。在叶嘉莹温哥华家中客厅最显眼的位置就挂着一幅"从孤芳自赏到花落莲成"的荷花摄影作品。

叶嘉莹喜爱诗词，认为自己终日借诗词与古代伟大的心灵交会，是一件非常美好的事情，故能数十年来坚持每天工作十几个小时，终年无休，而浑不觉累。叶嘉莹希望能将古典诗词的感发力量传承接续，所以身为院士、博导仍然到各地为幼儿园的小朋友义务教授古典诗词、编诵读本，不以为痴。叶嘉莹坚信中国古典诗词的内在精神和兴发感动的生命不会中断，只要是有感觉、有感情、有修养的人，就一定能够读出诗词中所蕴含的真诚的生命的感动，故而能够在承受苦难、空观悲喜后，依然执着地四海传播中国古典诗词，不知老之将至。其究竟为入世耶？出世耶？

忽然间想起一句话："你若盛开，清风自来。"

（此文发表于《中国图书评论》2014年第5期）

心头一焰凭谁识,的历长明永夜时

——叶嘉莹与《人间词话》

90岁的叶嘉莹仍然生活在不断讲学和写作的勤勉工作之中,即使是住院期间,凌晨一两点之前,她也从未休息过。究其原因,叶嘉莹说是自己从来没有以学者自居,对于自己的作品也从来没有以学术著作自许。因为如果有了明确的动机,一旦达到目的,就会失去动力而懈怠。叶嘉莹对诗词的爱好与体悟,完全是出于自己生命中的一种本能。因此无论是写作也好,讲授也好,叶嘉莹所要传达的,正是其所体悟到的作品中的一种生命,一种生生不已的感发的力量。在这种以生命相融会、相感发的活动中,自有一种极大的乐趣。而这种乐趣与是否成为一名学者,是否获得什么学术成就,可以说没有任何关系。叶嘉莹对王国维、对《人间词话》的阅读、研究与讲授正与其人生历程密切相关。

一

1935年，北平。刚考上初中年仅11岁的叶嘉莹从母亲那里得到一套开明版《词学小丛书》，里面收录的《人间词话》使叶嘉莹对词的评赏有了初步的领悟，"静安先生写作态度之诚挚，知之深而且言之切"的修养和态度对叶嘉莹一生的教学与研究影响甚著。

1956年，台北。叶嘉莹写作第一篇真正严格意义上的关于诗词评赏的文章——《说静安词〈浣溪沙〉一首》，这是叶嘉莹在台湾的白色恐怖中与丈夫先后被囚禁释放后，她深刻体会到人生的悲哀与无常，特别喜欢那种写人生不幸、痛苦的作品，静安先生悲观绝望的词句就临时被叶嘉莹借用为写作的题材。谈及此篇文稿的写作背景，叶嘉莹曾直言"我是读了一辈子古典诗词的人，我的这第一篇赏评文章为什么不写五代、两宋的大家而写王国维呢？我是知道我自己的，'不得于心者，固不能笔之于手'。如果不是我真的有感受、有理解的话，我是不会把它写出来的。我无论讲诗词还是写论文，都是有自己的感受、自己的体会才写出来、讲出来的……《说静安词〈浣溪沙〉一首》这篇文稿是用浅白的文言写的，因为有些我自己的投影，用文言也比用白话多一份安全的距离感"（《红蕖留梦——叶嘉莹谈诗忆往》）。

20世纪60年代末至70年代中期，北美。在UBC执教的叶嘉莹利用每年暑期客座访问哈佛燕京的机会对《人间词话》展开了专题研究，陆续发表了系列研究成果：《谈诗歌的欣赏与〈人间词话〉的三种境界》《对〈人间词话〉中境界一辞之义界的探讨》《〈人间词话〉境界说与中国传统诗说之关系》等。1970年暑假，叶嘉莹来到哈佛时是抱着对王国维"清者"之品格持守的景仰而开始从事研究的："那时，哈佛燕京给了我一把钥匙，我可以在闭馆以后仍留在里面工作。因此，我可以整天沉溺在对静安先生之著作和生平的阅读及研究中。夜晚，整个图书馆中已空无一人，当我从两侧列满书架的黑暗的长长的道路上走过时，有时我竟会有一种静安先生的精魂似乎就徘徊在附近的感觉。"（《王国维及其文学批评》后叙）

20世纪70年代末，叶嘉莹几次返乡并决定回国教书。1979年，她在给友人的赠诗中云："鱼藻轩前留恨水，斯人斯世总堪叹。"叶嘉莹对王国维那种"清者"的道德观开始持一种反省和批评的态度，认为中国旧传统中士大夫的感情心态常常局限在悲观、哀感的困窘之中，找不到跳脱出去的途径和办法，看不到光明和希望。这一转变在《王国维及其文学批评》一书中得以体现。1990年，叶嘉莹出席在美国缅因州举行的北美第一届国际词学研讨会，发表英文学术论文《论王国维词——从我对王氏境界说的一点新理解谈王词之评赏》，为王国维的"哲化之词"在中国词史上确定一个适当的位置。

2006年，中国书店出版叶嘉莹、安易合著的《王国维词新释辑评》。20世纪60年代,叶嘉莹在台湾高校执教时因喜欢王国维的词,就动过注释王国维词的念头,曾经写下一些札记,后来借给一位有心致力于此的淡江大学的陈槐安同学,遗憾的是没有了下文。等到20世纪70年代,她再开始研究王国维时,却已对王国维那些悲观孤绝的词作失去了注释阐发的兴趣,最后终于指导其在南开大学的秘书安易完成了对王国维词的注解。

2014年5月,天津。"叶嘉莹教授九十华诞暨中华诗教国际学术研讨会"上《人间词话七讲》正式与读者见面。该书是根据叶嘉莹2009年7月在温哥华华人社区举行的"王国维《人间词话》问世百年的词学反思"系列学术讲座录音整理而成,是叶嘉莹关于《人间词话》的讲稿首次出版。

二

为什么叶嘉莹对《人间词话》一直情有独钟?为什么叶嘉莹在《人间词话》问世百年时要进行词学反思?数十年来,叶嘉莹对《人间词话》的解读有过怎样的深入和转变?这些问题在《人间词话七讲》中自有解答。一直以来,叶嘉莹的演讲确实有着自己的独特门径:她从来不写稿子,认为把稿子写出来,到课堂上一念,什么都死了。不同于一般人讲诗词注重知识、背景的交代,叶嘉莹却对文字里所传达的生命更为重视。她说:"我在讲的时候，我不写出来。虽然这些东西以前也讲过，可是到时候它还是在现场新鲜涌出来的，我当时也在感动之中，所以才能带同学们去感动。"

叶嘉莹常常讲："凡是伟大的诗人，像屈原、杜甫、陶渊明，都是用他们的生命写作他们的诗篇，用他们的生活实践他们的诗篇的。"那么，如果一位讲诗者透过前人的作品，使这些诗人的生命心魂，得到再生的机会，而且在这个再生的活动中，还带着一种强大的感发作用，使听众与读者都得到一种生生不已的力量，我们是不是也可以称其为伟大的讲者呢？因为在其讲解的过程中，她自己的心灵、智慧、品格、襟抱和修养也已蕴含其中了。《人间词话七讲》的可贵之处，正可用书中叶嘉莹的一段话概括："我不是一个聪明的人，但是我讲的时候，我是认真的，我讲的都是我自己的感觉和感受。王国维也是如此的。他也许有他的错误，他也许有他的限制，有时代的限制、知识的限制，但是他是忠实于自己，也忠实于读者的。"

叶嘉莹有一首《鹧鸪天》曾云："心头一焰凭谁识，的历长明永夜时。"《人间词话》对叶嘉莹诗学思想、治学理念乃至整个人生道路的影响或许尚待学界的探究，但我们大家会一起祝愿这闪烁心头的火焰皎洁的历，永夜长明！

（此文发表于《光明日报》2014 年 7 月 7 日 15 版）

忆君诵诗神凛然

——聆听叶嘉莹先生诵诗

接到高等教育出版社罗编辑打来的电话,她说她们正在整理叶嘉莹先生数十年来讲授诗词的音视频资料,感觉叶先生在不同时期诵读古典诗词的声音好像也各有特色。她们希望我作为叶先生晚年的学术助手,能用一句话概括自己听叶先生诵诗的感受,以便她们更好地宣传推广。

是啊,除了传统的电视、广播等渠道外,近年来随着科技的发展,音视频课程、立体书以及新媒体平台的推广,使得古典诗词的音声之美越来越深入人心。而叶嘉莹先生也曾多次强调:"声音里有诗歌一半的生命!"许多诗词爱好者都对叶先生诵读古典诗词的声音印象深刻。在叶嘉莹先生身边学习、工作 20 年来,我有幸在各种场合聆听叶先生读诗、诵诗和吟诗。多数是比较公开的场合,比如叶先生在演讲、讲座、授课或接受采访的时候,往往会引用到古人或自己的诗词。这时,叶先生往往是用自己独特的诵读方式(将普通话中已经消失的入声字读为短促的仄声)来读诵的。如果是在相对轻松的氛围中,比如跟自己的学生聊到某首作品或其中的几句,兴之所至,叶先生还会反复吟咏,带领大家一起体味其中三昧。此外,我还听到过叶先生在家中做饭或做针线活儿的时候,自言自语似的浅吟低唱。

然而,如果要让我用一句话来形容自己听叶先生诵诗的感受,我却一时不知该如何概括,脑海中想到的却是听叶先生诵诗令我心头凛然一震的几个场景。至今回忆,依然觉得是感动、是洗礼,是自己人生中宝贵的经历。

记得有一次是在北京恭王府博物馆举办的海棠雅集上。因恰逢中国人民抗日战争胜利七十周年,2015年4月13日举行的第五届海棠雅集以"乡愁"与"中国人民抗日战争胜利七十周年"为主题,受邀的各界嘉宾以朗诵吟唱的形式展示古今佳作。91岁高龄的叶嘉莹先生应邀出席,并在现场声情并茂地读诵了宗志黄先生的两套散曲,在与会嘉宾中产生了强烈反响。叶先生此次诵读的两套散曲,均刊发在《中央日报》副刊"泱泱"版上。一套以《正宫·端正好》一支曲子为开端,发表于1948年6月21日,写的是国府大员于胜利后,把"接收"变成了"劫收",上下贪腐,不到三年就面临败亡的结果;另一套以《南吕·一枝花》一支曲子为开端,题名《钟馗捉鬼》,发表于 1948 年 7 月 15 日,则写的是在抗战后期,人民百姓在战乱中逃亡的颠沛流离之苦。前一套曲子将当年国府上下贪腐的恶形恶状和人民百姓的激愤,写得嬉笑怒骂、痛快淋漓;后一套曲子则写得情景真切、哀感动人,使人读了可以深切地感到"天下兴亡,匹夫有责""覆巢之下,焉有完卵"的古训,激起每个人对国家安危的关切。

91 岁高龄的叶嘉莹先生不顾自己的腰痛,坚持站着为大家诵读了这两套共计近 3000 字的散曲,是那次雅集活动中时间最长的一个节目。叶先生自从 1948 年夏读到这两篇散曲套数,认为写得极为真切动人,所以就将刊印有此两套曲子的报纸剪存,一直保留到现在。究竟是怎样的作品,深深打动了这位从教数十载的古典文学研究专家,多年来未曾抛舍?又是怎样的一份文化深情,使流寓海外,饱经忧患的叶先生心心念念要回国承传?又是怎样的发心,令当时已 91 岁的叶先生在抗日战争胜利七十周年之际决意将这两篇散曲套数郑重地诵读于世?当时,我坐在一旁,一字字、一句句听着叶先生的诵读,最真实的感受就是"既闻其言,不觉凛然,心形俱肃"(《世说新语·赏誉》)。

还有一次是 2019 年 8 月 22 日,地点是在南开大学主楼 111 教室。由教育部、国家语委联合主办,南开大学承办的首届"中华经典诵写讲大赛"之"迦陵杯·诗教中国"诗词讲解大赛的全国总决赛在南开大学举办。大赛以叶先生的号"迦陵"来冠名,就是要宣扬叶先生所倡导的"兴发感动"的中华诗教理念,引领中小学古典诗词教学、引导社会大众特别是学生群体更好地熟悉诗词歌赋、读懂中华经典、弘扬爱国奋斗精神,增强文化自觉、文化自信、文化自强。当时,已95岁高龄的叶嘉莹先生数月前刚刚罹患肋间筋膜炎,尚未完全康复,但仍然坚持坐着轮椅来到南开大学主楼111教室——1979年叶先生归国首次在南开大学讲课的教室,与来自全国各地的200多位中小学语文教师亲切见面。叶先生说:"欢迎诸位老师到南开大学来,大家这么喜欢诗词,我觉得非常高兴。看到我们有几千年优秀文化传统的国家气象一新,一切都欣欣向上,我真是非常高兴。我可以把我早年写的一首绝句吟诵一下:构厦多材岂待论,谁知散木有乡根。书生报国成何计,难忘诗骚李杜魂。"接着,叶先生又为大家先诵读后吟诵了自己的新作——一首题为《诗教》的七言绝句:"中华诗教播瀛寰,李杜高峰许再攀。喜见旧邦新气象,要挥彩笔写江山。"最后,叶先生语重心长地对大家讲:"我们每一个人都应该把自己的笔拿起来,好好地来描述我们的时代,来表现我们的理想。对于国家的繁荣昌盛,我们每个人都该尽到自己的力量。"在场的每一位老师都被叶先生的话语和诵读之声所慑服了,情不自禁地跟着叶先生反复诵读这首《诗教》之诗,很多老师都泪流满面。作为叶先生的学生,作为一名教师,作为诗教传承队伍中的一员,那一刻,我感觉自己对刘禹锡的诗句"天地英雄气,千秋尚凛然"有了更深的体会。

还有一次就是去年,2023年10月15日,由中央文史研究馆、国际儒学联合会与南开大学联合主办的"叶嘉莹教授百岁华诞暨中华诗教国际学术研讨会"在南开大学主楼小礼堂隆重举行。本来大会主办单位与叶先生的主治医生联合商议,叶先生不必离开医院病房亲临大会现场,叶先生也提前录制了向与会嘉宾问候致意的短视频。但就在大会召开的前一天下午,叶先生接连给我拨打了多个电话,始终强调:"全球各地的专家学者们都赶到南开了,我如果不到现场亲自向大家表示一下感谢,会很失礼。一定要替我向医院请个假,请大会组委会允许我到大会现场。如果大家担心我的身体状况,我可以简短地就讲两句话。但我明天一定要去现场参会。"我只好向大会组委会转达了叶先生本人的意见。第二天,在主治医生的陪同下,叶先生终于出现在了大会开幕式的主席台上。台下的嘉宾全体起立,掌声雷动。除了向与会来宾致谢,叶先生情到深处还即兴吟咏了自己十多年前创作的一首小诗:"结缘卅载在南开,为有荷花唤我来。修到马蹄湖畔住,托身从此永无乖。"叶先生说,"我在海外漂泊多年,能够回到南开,是我的幸运。我一生经历了很多坎坷,能够有诗相伴,更是一份幸运。我们中国的诗歌传统,诗对人的感动和教化的作用,一定会一直传承下去的。我现在年岁大了,以后诗教传承的事业就靠大家了。"站在幕后的我,听得已是热泪盈眶,刹那间想起苏轼的那句诗"凛然高节照时人"！

言为心声。我想叶先生诵诗最重要的特点就是真切，这是出于对优秀古典文学作品当代传承的迫切，对诗教薪火代有承传的殷切，对中华优秀传统文化海内外弘扬的关切。每次现场聆听叶先生诵诗，我被深深打动的，还是叶先生在诵诗时自内而外散发出的那种凛然生气。于是，我用微信郑重地给罗编辑回复了七个字：忆君诵诗神凛然！

（此文发表于《天津日报》2024 年 7 月 26 日）

诗不远人话迦陵

——大家说给叶嘉莹的话

（以姓氏首字母排序）

白先勇（著名作家）：

叶先生，学生先向您拜寿。

祝您寿比南山、身体健康。在此，我要特别再向您感谢，向您感恩一次。自从我在台大听了您的古典诗词的课程，您就把我带进了这座中国古文化的殿堂，您的诗词的美学可以说影响了我的一生。

我现在衷心地感谢，谢谢您。

白岩松（著名主持人）：

首先，要祝叶嘉莹先生百岁寿辰健康、快乐、平静而幸福。

听您讲过那么多中国的古诗词，但是提到您，让我最有感触的是1979年您刚刚回国的时候写的那首诗："构厦多材岂待论，谁知散木有乡根。书生报国成何计，难忘诗骚李杜魂。"在这首诗里头，能够感受到您爱国的情怀、爱诗词的情怀、爱所有求学学子的那种情怀。有幸听过您不止一次讲诗词的讲座，记得有一次，您讲完之后，我在主持的时候，感慨地说：对于中国文化来说，骄傲有诗，幸亏有词。其实今天，也完全可以把这句话送给您，对于中国诗词的传承来说，骄傲有您，也幸亏有您。就像您曾经比喻的讲课如同火柴，是啊，在每一堂课上，这根火柴燃烧了之后，就有一道又一道的光照射到很多求学学子的内心深处，让他们的生命从此变得不那么一样。而时间久了，这火柴也就慢慢地变成了火把，您成了引路人。也就让大家放心，中国的古诗词会一代又一代地向后传承下去。所以，在这儿对您说一声"谢谢"，您绝对配得上更多人跟您鞠上这一躬。谢谢您！

陈传兴（纪录片《掬水月在手》导演）：

叶先生，您好！又是快要新的一年开始了，现在北方天气应该很冷，听说大雪积得天寒地冻，叶先生要多保暖。我们看到张静拍了一张在天津南开的照片，倒是蛮漂亮的，真的完全是银色的世界。自从电影放完到现在，就刚好都在疫情期间，都没办法过去看叶先生，这样一隔也都快四年了。很难得我们能够在疫情期间,这部电影的巡回获得很好的回响。也让更多人能够更亲近地认识叶先生,而不只是通过叶先生的著作、文字去认识叶先生,能够认识到叶先生温婉的一面。尤其作为国家的大师、国师的这种人物,我想叶先生在荧屏上呈现得可以让大家更为感动。对诗词的认识也应该会更进一步,觉得这不只是一种语言文字,更是一种真正的生命的认识跟体验,是用生命走过漫长的时间所淬炼出来的。总之我们希望,假如说有机会,在春暖花开、天气好一点的时候,我们能够再回到天津南开去拜访叶先生。

那这里就先祝叶先生新年快乐,来年就是龙年,会有更好的一年。

范曾(著名画家):

我和叶嘉莹先生可见有很深的渊源。我想,这个渊源的根在中国的诗教。她对诗词那种发自内心的热爱,是她知道,中国是一个诗的国度,中国的诗教一直感动着我们这个民族。孔子讲过:"诗三百,一言以蔽之,曰:'思无邪。'"任何龌龊的、卑劣的、邪恶的思想,在(中国)诗里是不可允许的。同时,孔子又提出了"兴观群怨":"诗可以兴,可以观,可以群,可以怨。"诗教传统虽然是几句话,却能影响一个民族几千年。我想,中华民族的诗歌,从它的源头周代《诗经》,到战国时代屈原的《楚辞》,这是我们中华民族诗的源头活水。南宋的大哲朱熹讲过,有一首很有名的诗,"半亩方塘一鉴开,天光云影共徘徊。问渠那得清如许,为有源头活水来"。一个有源头活水的民族,它的诗的传统,对整个民族的心灵,对这个民族的文化现象,起到的作用在中国我想是无与伦比的,在全世界也是无法找到和它媲美的。我想我今后最大的心愿就是叶嘉莹先生更能够以她丰富的学养、博雅的知识和她对民族的爱,继续在中华民族伟大的时代做出更大的贡献。

鲁健(著名主持人):

叶嘉莹先生百岁寿辰将近,这是全世界的诗词爱好者共同关注的一件事。叶先生已经执教近80载,可以说是"桃李不言,下自成蹊"。我因为采访的机会,得以近距离地跟叶先生请教,所以能够感受到叶先生的人生追求。就像我在迦陵学舍看到的那副对联——叶先生亲手所写的"入世已拼愁似海,逃禅不借隐为名",从这副对联中,能够感受到叶嘉莹先生对诗词事业、对教育事业的那份入世的执着之心,以及她在面对困难和挑战的时候,保持的那份弱德之美。我真诚地希望叶嘉莹先生百岁寿诞幸福快乐,继续能够文泽天下,德润后辈。

廖美立(纪录片《掬水月在手》出品人):

叶先生您好,我是《掬水月在手》的出品人廖美立。能够拍摄先生您的生平电影,是我们拍摄团队最感荣幸与欣慰的一件事情。虽然影片已经上映三年多了,但还是不断地有更多人在讨论、观看。我想这都是因为先生您的诗教精神持续地影响着千万人。谢谢您给予我们这么美好的回忆,我们会继续努力,让这部电影传播到世界各地,可以让更多人看到中国诗词及您传奇的一生。

濮存昕(中国戏剧家协会主席、著名演员):

叶先生好,我是演员濮存昕。我是一个戏剧演员,是一个小辈的艺术工作者。能够被邀请,能有资格来为您的百岁生日祝贺,我感到很荣幸。我没有见过您,但是我在疫情期间,应该是前年吧,我在电影院里和为数不多的观众一起观看了您的纪录电影《掬水月在手》。我没有因为电影院里人少而感到很失望,而当看完电影,走出电影院,又回到世俗的空间时,还仍在为您在影片中所传递出来的诗歌的暖意和力量激动着。语言和文字是一种民族文化,是所有艺术的血缘基因和DNA。您倾注一生的热爱,研学着中国古典诗词,让中国古典诗词之美一直能够流传,并融入当代社会。您了不起,因为语言和语音是非物质的,是无价的学问。高山仰止啊,我真的敬佩您。在您百岁大寿之际,向您表达我对您深深的敬意,感恩张伯礼大夫的加持,为您的健康付出的努力。

叶先生,祝您健康长寿!

王蒙（著名作家、学者）：

尊敬的叶嘉莹老师，叶嘉莹教授，叶嘉莹先生，叶嘉莹大姐，她的坚强，她的勇敢，她的学问，她的教养，她的为学、为师、为人，她所克服的种种的困难，她所获得的尊敬，都是无与伦比的。

她永远是我的师友，她永远是我学习的榜样。

感谢上苍，仁者必寿。

许倬云（历史学家）：

叶教授，我是许倬云。听说您百年大寿，很高兴，希望您身体健康，一切顺遂。

我们能够在海外还能保持联络，这个就是我们大家的福气了。当年，在台湾大学，我们在文学院，我跟您常常接触，我想起您，也想起台先生、郑先生、戴先生，这些都是我们非常佩服的前辈。那么你呢，比我岁数稍微大一点点，我93岁，你是我们著名的才女啊。那时候就觉得赶不上你，今天还特别在这个机会，能够为你百岁大庆的时候，给你特别鞠个躬，表示道贺，我和曼丽都向你问好。

俞敏洪（新东方创始人）：

尊敬的叶嘉莹先生，您好！您的百岁寿辰即将来临，我祝您健康长寿、心情愉快。尽管我没有亲自聆听过您的教诲,但您的书我读过,也在网络上听过一些您的音频课程。您对中国文化内涵的深刻理解、您对中国诗词的优美讲解,像清泉一般流过了很多人的心田,也滋润了我的精神,加深了我对中华文化的热爱。

我的老师是许渊冲先生,您和他应该是好朋友。我有幸得到过许先生的教诲,你们老一代文化人的风骨如高山仰止,让我们敬佩,更是我们学习的榜样。我们这一代人出于各种原因,疏于学习,忙于谋生,精神常常行走在沙漠之中。您的文字和课程如沙漠甘泉,在我们烦闷之时浇灌着我们的灵魂。我也将尽我的微薄之力,为推广先生您的作品而努力。"令公桃李满天下,何用堂前更种花",作为您从未谋面的学生,我在这儿再次祝叶先生健康长寿、智慧普洒人间。

余世存(著名作家、学者):

我是余世存,在叶嘉莹先生百岁华诞之际,我祝叶先生幸福安康,春秋不老。叶先生是顾随先生的学生,她后来移位于师,青出于蓝。她一生致力于一件事,就是对古典诗词的研读推广,这是非常了不起的事业。我曾经写过一首新诗《观影叶嘉莹先生》,诗是这么写的:世道造次出上百种劫难,打击汉字,汉字奉上了诗词。新诗吃得下旧诗的粽子,起兴就是万物相互链接。青灯黄卷在鸟语里学以成人,杜甫和陶潜听到了其命维新。笨弱的传统无家可归，秋风起时，他们逆袭成美。安顿的人，在天地间开花，用手捧出一轮轮明月。我们尊敬的神随时吟诵，神寒意暖，冬天也道远任重。

张伯礼（中国工程院院士）：

多年来，作为叶嘉莹先生的保健医生，我和叶先生有着比较多的往来。一方面，叶先生信服中医，对我也很信任；另一方面，我喜欢古诗词，也非常愿意听叶先生讲解诗词。我们都热爱祖国的优秀传统文化，我非常喜欢叶先生的诗句，特别是"但使生机研未尽，红蕖还向月中开"。叶先生年纪很大，也很瘦弱，但她的内心十分强大，她对理想、对事业十分投入，有崇高的理想，有崇高的追求。同时，她的品格也非常高尚，她非常坚强。她多次战胜了常人无法忍受的病痛，所以在给她治病的时候，我也受到很大的教育，这种坚强的人生信念值得我来学习。

郑培凯（中国民间文艺家协会香港分会主席）：

我认得叶嘉莹老师快60年了，那是1965年，我记得我上大学在台大，那个时候同学都说："中文系叶嘉莹老师讲的课太精彩了，讲'诗选'要去听的。"我当时是在外文系，可是我们听说叶嘉莹老师讲中国诗词讲得好，她那堂课叫"诗选"，我们就都去听了。我们去的时候，一般而言，那些中文系的同学老早就把位置都占满了,那个教室还蛮大的,我们就赶紧去坐在窗台上。来得晚的同学根本进不来,就都堵在门口,塞得满满的。

叶老师一进来,那个风采、那种气场,我印象非常深。她讲课讲得实在是精彩,而且她除了很清楚地把她要讲的诗讲了之外,还会"跑野马",所以她很有名的就是"跑野马"。上下古今,引据很多。我们听了,觉得很有趣,而且她时常联系人生的一些观察。所以,我对中国古典诗词有比较深刻的认识,是从听叶老师讲课开始的。

除了这个课以外,我还听过叶老师讲杜甫诗。我觉得她讲杜甫诗,让我产生深刻的历史的感觉,而且有一种家国的感怀。我们都知道杜甫经历过安史之乱,杜甫一生的波折也有很多。叶老师讲到杜甫的时候,好像她化为杜甫在那里讲人生的经历一样。后来,叶老师1969年到美国去了。我那时候去当兵,当完兵,我也去美国了。从1971年开始,每年暑假,我都会去哈佛燕京找资料读书。就在那里,我又遇到了叶老师。从和叶老师的日常接触,我了解了她的生平、挫折,她怎么克服跟超越经历的一些苦难。

我们大概是在20世纪70年代中期跟末期回到中国大陆看祖国河山的。我印象最深的一件事情是,我回到国内,看着西湖,我就跟叶老师说,这个西湖很奇怪啊,经过1000多年各种各样的人的游览啊,结果我去西湖,我感觉是真的就像诗词里头描写的西湖,还是那个样子的。叶老师说:"对对对,真的是风景旧曾谙啊。"

后来，我离开美国到中国香港，在香港城市大学成立了中国文化中心。这时候，叶老师也回到国内，回到南开去教书。我策划了全校的中国文化课程，我就发现，学生们不喜欢古典文学，因为他们觉得古典文学太难，古典诗词他们听不懂。我就跟叶老师讲，叶老师就说："这样，我也来香港。"我就请她做客座教授，她就来了。结果，她讲的课非常轰动。所以，我觉得这个很有意思，她教书、教人，她把她整个生命投注进去，她是一个很伟大的老师。她自己个人的经历、波折，都融入了中国文化的整个的特色。所以我觉得，叶老师在中国文化弘扬方面，教大家从诗词当中得到文化的熏陶，真的是近代第一人，真了不起，很伟大。

郑宇民（浙商总会顾问）：

有幸多次参与迦陵杯诗词讲解大赛，很想握一握叶先生的手。

这双手翻动100年的日历，书写过千万遍的诗词，是指引人生的手。我曾经组织浙商集体观看《掬水月在手》。一开始，看个寂寞，看个冰冷，到后来提升了温度。原来《掬水月在手》的内涵，就是弱德之美。掬水不是为了取水，掬水是为了映月，是为了观照，观乎人文，以化成天下。

浙商做企业掬水，不是单纯地为了追逐利润，而是观照社会，完善人生。凿个池儿，唤个月儿来，有个人儿，把做镜儿猜。叶先生的诗教，就是月儿，就是镜儿。民营企业生存困难，草根生长，土；负重上山，苦；殚精竭虑，病；传承不当，忧；进退两难，辱；劫富济贫，怕。

如何解决明见智欲见的纠结？那就是要照见，那就是要洞见。叶先生有诗："所期石炼天能补，但使珠圆月岂亏。"这就是对民营企业人文价值升纬的最好的指引。

谢谢叶先生，真想握一握您那双掬水捧月的手。

谢谢。

迦陵年表

（张静　可延涛　整理）

1924 年　7月2日（农历六月初一），生于北京察院胡同二十三号（旧十三号）四合院祖居旧宅的东厢房。

1927 年　父母开始教识汉字，授以四声之辨识。

1930 年　从姨母读"四书"，又从伯父诵读唐诗。

1934 年　插班考入北京笃志小学五年级。始作绝句、文言文。

1935 年　以同等学力考入北京市立女二中。始填词。

1941 年　考入北京辅仁大学国文系，当时的校长为史学家陈垣先生，系主任为目录学家余嘉锡先生。10月下旬，母亲病逝。

1942 年　听顾随先生讲唐宋诗词课程。诗词创作渐丰，经顾随先生推介，首次发表词作于北平报刊，取笔名"迦陵"。

1943 年　秋，在广济寺听《妙法莲华经》。

1945 年　大学毕业，任佑贞女中、志成女中及华光女中三校国文教师。

1948年 赴上海，3月29日在上海成婚，婚后和丈夫去往南京，后一度任南京私立圣三中学国文教师。11月，随其夫赵钟荪工作迁转赴台湾。

1949年 春，开始任台湾彰化女中国文教师。8月，长女言言出生。12月25日，丈夫因"思想问题"被捕，入狱三年。

1950年 6月底7月初，与彰化女中校长皇甫珪女士及其他五位教师一起因"思想问题"被拘询，携带哺乳中未满周岁的女儿同被拘留。后虽由于查无实据被释放，但因此失去教职。失业时，因无地安身，曾在亲戚家以打地铺方式，携女寄居数月。其后，经人介绍在台南私立光华女中任国文教师数年。其间，曾应亲友之邀，撰写《说辛弃疾〈祝英台近〉》一文及《夏完淳》小书一册。

1952年 丈夫赵钟荪获释。

1953年 9月，次女言慧出生。

1954年 暑期，因台北第二女子中学之聘，全家迁至台北，与父亲合住在信义路二段一六八巷父亲单位的宿舍。给台北第二女子中学高中一年级"礼""智"两班讲授国文课。被台湾大学聘为兼职教师。

1955年 受聘为台湾大学专任教师（因二女中校长王亚权女士挽留，继续在二女中兼课，直至送执教的两班学生毕业），长达

14 年，先后讲授大学国文、历代文选、诗选、杜甫诗等课程。

1956 年　夏，受台湾地区教育相关部门主办的文艺讲座之邀讲授唐宋词选读课程，共五周。

1957 年　正式辞去台北二女中教职。

1958 年　被聘为淡江文理学院（后改名为淡江大学）兼任教授，长达 11 年，先后开设诗选、词选、曲选、陶谢诗、杜甫诗、苏辛词等课程。

1961 年　辅仁大学在台湾复校，受聘为兼任教授，长达 8 年，先后开设诗选、词选等课程。开始受邀至台湾教育电台播讲大学国文。

1962 年　春，与台大学生一同郊游野柳。

1965 年　台湾教育电视台成立，应邀播讲《古诗十九首》。

1966 年　暑期，应邀赴美国哈佛大学任访问学者，9 月开学后赴密歇根大学任客座教授。

1967 年　1 月，参加美国学术团体协会（American Council of Learned Societies）在北大西洋百慕大岛（Bermuda Island）举办的以"中国文类研究"（Studies in Chinese Literary Genres）为主题的国际会议，提交英文论文《谈梦窗词的现代观》（*Wu Wen-Ying's Tz'u: A Modern View*）。与会者都是西方著名汉学家，如英国牛津大学的霍克斯（David Hawkes）教授、美国耶鲁大学的傅汉思（Hans Hermannt Frankel）教授、康奈尔大学的谢迪克（Harold Shedick）教授、加利福尼亚大学的白芝（Cyril Birch）教授、哈佛大学的韩南（Patrick Hanan）教授与海陶玮（James R. Hightower）教授，还有不少知名的华裔西方学者，如刘若愚、夏志清、陈世骧诸教授。会后，返密歇根大学任教。7月，应邀再次以访问教授名义自密歇根大学赴哈佛大学。

1968年 春，在哈佛观看张充和及其弟子李卉的昆曲演出，作诗相赠。应赵如兰女士之邀，为赵元任先生所作歌曲填写歌词《水云谣》一首。秋，在美客座讲学期满返台。

1969年 9月，赴加拿大温哥华，执教于加拿大不列颠哥伦比亚大学（University of British Columbia，简称UBC）亚洲学系（Department of Asian Studies），任客座教授。秋冬之际，陆续接丈夫、女儿及父亲赴温哥华团聚。

1970年 年初，获聘加拿大不列颠哥伦比亚大学终身教授，之后在此校执教的19年中开设过中国文学史简介、中国古文选读、中国历代诗选读、唐宋词选读、博士论文专题讨论等课程。先后指导的研究生有施吉瑞（Jerry D. Schmidt）、白瑞德（Daniel Bryant）、罗德瑞（Terry Russell）、施逢雨、余绮华（Teresa Yu）、梁丽芳（Laifong Leung）、王仁强（Richard King）、方秀洁（Grace S. Fong）等。12月，赴加勒比海之维尔京群岛（Virgin Islands），再次参加美国学术团体协会举办的有关中国文学评赏途径的国际学术会议，与日本汉学家吉川幸次郎教授及美国威斯康星大学周策纵教授相遇，有唱和诗多首。

1971年 2月10日，父亲因脑出血病逝于温哥华。暑期，游访欧洲（英国、法国、德国、意大利、瑞士、奥地利）。

1973年 赴加拿大渥太华中国大使馆递交回国探亲申请。

1974年 暑期，回国探亲、旅游，创作一千八百七十八字的七言古风《祖国行长歌》。

1976年 1月，为联合国中国代表团举办周恩来追悼会撰写挽联。3月24日，长女夫妇罹车祸同时去世。9月，为联合国中国代表团举办毛泽东追悼会撰写挽联。因为用台湾旅行证件回大陆多有不便，遂申请加入加拿大国籍。

1977年 再度回国探亲，游历大庆、开封、西安等地。

1978年 向中华人民共和国教育部寄出志愿回国教书的申请。与南开大学外文系李霁野教授取得书信联系。

1979年 回国教书的申请得到批准。3月，应邀先后在北京大学、南开大学、南京大学讲学。在京期间，拜会周祖谟先生、陆颖明先生，并与两位老师及同班同学史树青、阎振益、阎贵森、郭预衡、曹桓武、顾之惠、房凤敏、程忠海、刘在昭等聚餐。在津期间，曾与部分同班同学刘丽新、陈继揆、王鸿宗、丛志苏等聚会。暑期后离津时，南开大学中文系以范曾先生所绘一幅《屈子行吟图》相赠。自此，每年都回南开大学讲课，并应邀赴国内多地院校讲授诗词。

1980 年 6 月，赴美国威斯康星大学参加"首届国际《红楼梦》研讨会"，得晤周汝昌先生、冯其庸先生。

1981 年 4 月，赴成都参加杜甫学会首届年会，与缪钺先生相遇。在京拜会俞平伯先生。5 月下旬，飞赴加拿大东岸的哈利法克斯（Halifax）参加亚洲学会年会，会后至佩姬湾（Peggy's Cave）观海。

1982 年 再赴成都参加杜甫学会年会，游历昆明、兖州、曲阜、泰山、济南、巩义等地。在四川大学讲学时与缪钺先生约定合撰《灵谿词说》。

1983 年 春夏之交，在四川大学讲学。冬日，赴昆明，在云南大学讲学。

1986 年 11 月 14 日，中华诗词学会在京筹委举行扩大会议，宣布中华诗词学会经文化部批准成立，被聘为顾问。

1987 年 2 月 3 日至 16 日，应北京辅仁大学校友会、国家教委老干部协会、中国国际文化交流中心、中华诗词学会诸单位联合邀请，在国家教委礼堂举行唐宋词系列讲座，共十讲，听众一千二百人。2 月 23 日至 24 日，出席中华诗词学会筹备会议并发表讲话。5 月 31 日，出席中华诗词学会成立大会并发言。6 月 2 日，出席中华诗词学会全体会议并发言。

1988 年 7 月 6 日至 11 日，叶嘉莹教授古典诗歌系列讲座在北京举办。7 月 14 日，应赵朴初先生之邀至广济寺相聚，当日为叶先生农历生日。

1989 年 年初，应台湾清华大学之邀在离台 20 年后首度返台讲学，一个月内在台湾大学、辅仁大学、淡江大学共做七场演讲。7 月，至美国哈佛大学。是年，从加拿大不列颠哥伦比亚大学亚洲学系退休。

1990 年 6 月，参加在美国缅因州举行的"北美第一届国际词学会议"。秋，应台湾清华大学之邀赴台讲学一年。

1991 年 4 月，在台湾地区讲学时接到当选加拿大皇家学会院士的信函。冬，在南开大学专家楼初会杨振宁先生。

1992 年 春夏之交，赴兰州大学讲学，游历敦煌等地。9 月 28 日，应孙康宜邀赴耶鲁大学讲辛弃疾词，并与当地学人郑愁予等相晤。

1993 年 1 月，在南开大学创建中国文学比较研究所。应邀在美国加州万佛圣城讲陶渊明诗。春夏之交，亲赴加拿大蒙特利尔的麦吉尔大学参加加拿大皇家学会院士证书颁发仪式。6 月 25 日，受邀在耶鲁大学参加"妇女与文学"国际会议，并提交论文《朱彝尊〈静志居琴趣〉之"弱德之美"的美感特质》。

1994 年 2 月初，至北京与陈邦炎先生商讨合作撰写《清词名家论集》，并谈及在国内成立古典文学幼年班的设想，经陈邦炎先生转达。7 月，被新加坡国立大学聘为客座教授。11 月 6 日，赵朴初先生给陈邦炎先生的回信中对在国内成立古典文学幼年班的设想表示肯定,并拟邀请张志公、叶至善等政协委员联名在次年全国政协会议上提出提案。12月,在香港浸会大学发表演讲《谈北宋初期晏欧令词中文本之潜能》。

1995年 6月29日,在哈佛大学讲《清词之复兴》。7月15日至17日,应邀赴美国俄勒冈大学讲唐诗课程,分别以中英文发表两次讲演,并参加一次会议。10月,应加拿大华裔作家协会之邀讲《谈中国诗词文本中的多义与潜能》。与缪钺合著的《灵谿词说》获教育部"全国高等学校首届人文社会科学研究优秀成果奖"一等奖。

1996年 9月中旬,赴乌鲁木齐参加中国社科院文研所与新疆师范大学联合举办的"世纪之交中国古典文学及丝绸之路文明"国际学术研讨会,主讲《花间词》。会后游历吐鲁番、交河、高昌故城、玉门关、天池等地。7月,在美国佛蒙特讲《清代史词及文廷式词》。

1997年 寒假,在不列颠哥伦比亚大学为留学生子弟讲古诗。3月至6月,应陈幼石教授邀请至美国明尼苏达大学讲学。捐出自己退休金的一半,共计10万美元(当时约合近百万元人民币)在南开大学设立"叶氏驼庵奖学金"及"永言学术基金",开始在南开大学中文系招收硕士研究生。温哥华企业家蔡章阁老先生在当地谢琰先生家中听过叶先生一次讲座后,主动捐资200万元人民币为南开大学兴建中华古典文化研究所大楼(与范孙楼联为一体)。

1998 年　致函国家领导人呼吁重视儿童幼年古典文化教育，获批复。随后，教育部基础教育司编写了《古诗词诵读精华》教材一套。7 月，应温哥华中华文化中心之邀主讲《北宋初期晏欧词》（共 4 讲）。

1999 年　4 月至 7 月，应温哥华中华文化中心之邀，讲《柳永苏轼词》（共 6 讲）、《杜甫诗赏析》（共 8 讲）。10 月，出席南开大学中华古典文化研究所大楼落成典礼（南开大学中文系原中国文学比较研究所更名为中华古典文化研究所）。11 月，在香港岭南大学讲《中国古典诗歌的特质》。

2000 年

2 月 20 日，出席台北国际书展，并在书展中举行台湾桂冠图书股份有限公司出版的《叶嘉莹作品集》新书座谈会，发表演讲《谈中国古典诗词的今昔》。2 月 22 日，在台湾大学讲《百年回首庚子秋词》。2 月 24 日，在台北师范大学讲《从西方文论谈令词的多义与潜能》。2 月 25 日，在辅仁大学讲《为什么爱情变成了历史》。

5 月，应温哥华中华文化中心之邀，讲《百年回首》（共 5 讲）及《诗词文本中的多义与潜能》（共 2 讲）。

6 月 28 日至 7 月 2 日，应邀赴台参加"世变与文学"国际会议，提交论文《谈词之美感特质之形成及词学之反思与世变之关系》。

7月4日，应澳门大学之邀参加澳门首次国际词学会议，初识澳门企业家沈秉和先生，沈先生主动提出向南开大学中文系中华古典文化研究所捐资100万元人民币。7月19日至22日，应邀至海南师范学院，举办讲座《词之美感特质》。

9月23日至28日，应邀至深圳参加全国第十四届中华诗词研讨会，发表演讲《如何教幼儿学唐诗》。

10月21日，应天津广播电视大学徐士平导播之邀，参加拍摄幼儿学唐诗系列录像《与古诗交朋友》。

11月，南开大学文学院成立，开始在该院招收博士研究生。11月27日至30日，在南开大学讲《从西方文论看李商隐的几首诗》。

年底，在第四届"叶氏驼庵奖学金"颁奖典礼上以"吟诵"为题做报告，邀请范曾先生出席并吟诵《离骚》。

2001年

1月8日，至天津耀华中学主讲《诗词的欣赏》。1月9日，天津电视台播出专题纪录片《乡根·诗魂》。

2月至5月，应美国哥伦比亚大学之邀客座讲学一个学期，与王德威、夏志清重聚。

6月2日，在加拿大西蒙菲莎大学港口分校举办"诗词文化讲座"。6月17日至7月22日，在温哥华中华文化中心举办北宋名家词讲座。

7月21日，参加海外华人作协会议。

8月7日，在北京参加中国社科院举办的"文化视野与中国文学研究"国际学术会议并讲话。8月14日至23日，参加南开大学文学院中华古典文化研究所在天津蓟州区举办的大专院校教师暑期诗词讲习班，在开幕式及结业式上发言并举办两次讲座。

9月25日，应邀参加南开大学附属小学举办的诗歌吟诵会并讲话。9月26日，开始在南开大学拍摄唐宋词系列讲座南宋词部分录像。

10月30日，应天津大学邀请演讲《东坡词欣赏》。

2002年

1月23日，受邀在香港浸会大学讲《王国维之词与词论》。1月29日，在（澳门联合国教科文中心）澳门笔会上演讲《论词之雅郑在神不在貌》。

3月16日，受邀参加台湾辅仁大学主办的中国文学史国际研讨会并做演讲《阅读视野与诗词评赏》。3月20日，应邀至台大图书馆礼堂发表专题演讲。

6月11日至7月26日，在温哥华岭南长者学院讲授《古诗十九首》（共6讲）。6月16日，在加拿大不列颠哥伦比亚全省多元文化学会讲《李义山诗之美感特质》。

7月28日,在温哥华帕克希尔酒店华语语文教师研习会讲《我诗词中的荷花》。自本年暑期开始,在南开大学文学院招收博士后研究人员。秋,自南开大学专家楼迁入南开大学西南村教师住宅区单元楼居住。

9月17日,在南开大学迎水道校区讲《一位自然科学家的词作》。9月20日,于天津南开中学讲《王国维在〈人间词话〉中所提出的"三种境界"》。9月24日至26日,应席慕蓉之邀,一同赴叶赫寻根并在吉林大学讲演。9月28日,受南京东南大学之邀讲《石声汉词》。9月30日,在苏州大学讲《词之雅郑在神不在貌》。

10月25日,在南开大学主办的全国《红楼梦》翻译研讨会上讲《〈红楼梦〉中的诗词》。

11月,受香港岭南大学之邀举办三次讲座:《漫谈中国诗的欣赏》《谈双重性别与双重语境下词的美感特质之形成》《苏轼诗化之词的三种美感特质》。11月14日,被香港岭南大学授予荣誉博士学位。

4月至11月,在中央电视台《百家讲坛》栏目讲《对传统词学与王国维词论在西方理论之观照下的反思》《从王国维词论谈其〈人间词话〉的欣赏》《几首咏花的古诗》。

12月15日,受中国现代文学馆之邀讲《从现代观点看几首旧诗》。

2003 年

1月，在中国社会科学院文献情报中心演讲《小词大人生》。1月29日，在中央电视台《百家讲坛》栏目讲《从现代观点看几首旧诗》。

从2月开始，在香港城市大学客座讲学一个学期，举办诗词系列讲座。2月中旬，在天津电视台播讲花间及南唐词讲座。澳门实业家沈秉和先生在南开大学文学院设立"迦陵古典文学奖助学金"，用以奖励高分考入中文系的新生，望以此激励更多的优秀人才加入研究和传播中华古典文化的队伍。

3月16日至17日，赴台参加"建构与反思——中国文学史的探索"学术研讨会（此为辅仁大学庆祝在台复校四十周年系列活动）。

4月2日至5日，台湾洪建全教育文化基金会举办叶嘉莹谈诗论词系列讲座共三讲：《感发生命——进入诗歌世界之门钥》《在时光折射中对词之美感特质的解析》《杜诗选谈》（与王文兴教授对谈）。

6月21日至7月26日，在温哥华岭南长者学院讲陶渊明《拟古九首》组诗。

8月，北京祖宅旧居——西城区察院胡同二十三号被拆。8月26日至29日，受邀参加在河北省北戴河召开的全国第十七届中华诗词研讨会。

9月，应邀至河北白洋淀观赏荷花。9月22日至25日，应西安交通大学邀讲《杜甫的〈秋兴八首〉》（共2讲）。9月，中央电视台科教频道《讲述》栏目播出专题片《诗魂》。

10月5日，在中国国家图书馆讲《从双重语境与双重性别看唐五代词的审美特质》。10月18日，在南开大学讲《我与南开二十四年》。

11月8日至11日，参加在东南大学举行的中国人文教育高层论坛首届会议，并发表演讲《小词中的人生境界》。11月10日，应南京大学之邀，发表演讲《从李清照到沈祖棻——谈女性词作之美感特质的演进》。11月16日，在现南通大学讲《东坡词的艺术与人生》。

12月20日，在中国国家图书馆部级领导干部历史文化讲座上演讲《东坡词的艺术与人生》。

2004年

3月13日至4月24日、5月15日至7月3日，在温哥华岭南长者学院分两次举办《从性别与文化谈女性词作美感特质之演进》及《明清女性词作》系列讲座。

5月，与温哥华友人谢琰、施淑仪、陶永强、梁珮、王锦媚等至托菲诺（Tofino）度假。

9月3日至5日，应邀在北京参加中华文化促进会举办的

2004年文化高峰论坛。9月11日至12日,在北京现代文学馆演讲《从王国维〈红楼梦评论〉谈起》《王国维对南唐三家词的评赏》。9月30日、10月20日,北京电视台《华人纪事》栏目分别录制《叶嘉莹教授专访》和《叶嘉莹教授与杨振宁教授对话》。

10月21日至23日,南开大学举办庆祝叶嘉莹教授八十华诞暨国际词学研讨会。蔡章阁先生的长子、香港蔡章阁基金会主席蔡宏豪先生捐款30万元人民币,在南开大学文学院中华古典文化研究所设立"蔡章阁奖助学金"。

11月2日至5日,中央电视台《百家讲坛》栏目播讲《叶嘉莹评点王国维的人生观》《叶嘉莹评点〈红楼梦评论〉》《叶嘉莹评赏南唐三家词》(上、下)。11月20日至24日,应邀至上海观看昆曲青春版《牡丹亭》。

12月2日,北京师范大学北京文化发展研究院、北京文化国际交流中心、文学院古代文学研究所主办叶嘉莹先生八十寿辰暨学术思想研讨会,发表演讲《迦陵诗词稿中的乡情》。12月3日,应凤凰卫视《世纪大讲堂》栏目之邀讲《西方文论与传统词学》。

2005年

1月7日至23日,在天津电视台录制《谈词之美感特质的形成与演进》系列讲座。1月27日,在南开大学文学院举办的"中国古代文学作品选"课程·2005年寒假全国高校骨干教师研修班上讲《词的特质与鉴赏》。

2月19日，在台湾洪建全教育文化基金会敏隆讲堂主讲《叶嘉莹谈戏曲》。2月23日，在台湾中央大学主讲《花间的歌唱》。2月25日，在台湾清华大学主讲《英雄的眼泪》。2月26日，在台湾清华大学主讲《稼轩词与梦窗词》。

3月2日，在台湾长庚大学主讲《词的美感特质》。

5月28日至7月23日，在温哥华岭南长者学院开讲《清词系列之一·谈清词中兴之源起——云间三子及吴、龚、王、钱》（共8讲）。

8月27日，参加中加汉语教学研讨会年会，并做演讲《从中文的语言特征谈古典诗词的美感》。

9月5日至9日，应王蒙先生之邀访问中国海洋大学并演讲《西方文论与传统词学》，与王蒙先生对谈《中国传统诗词的感悟》。9月18日至25日，应席慕蓉之邀赴内蒙古呼伦贝尔大草原做原乡之旅。

10月16日，应邀参加中国人民大学国学院开学典礼暨揭牌仪式。

12月17日，在中国国家图书馆讲演《从性别与文化谈早期女性词作的美感特质》。12月19日，在北京大学中文系演讲《从文学体式与性别文化谈词之美感特质的形成与演进》。

2006年

2月21日,受邀在中山大学讲《从几首词例谈词的"弱德之美"》。2月26日,中央电视台《大家》栏目播出叶嘉莹教授专访。

3月,在台湾清华大学举办中国古典诗歌系列讲座(共5讲):《从形象与情意之关系,看西方文论与传统诗说中"赋、比、兴"之说的异同》《从具体诗例看"赋、比、兴"之作用在传统诗歌中的演化》《陶渊明饮酒诗选讲》《杜甫诗写实中的象喻性》《李商隐的〈锦瑟〉与〈燕台〉》。3月20日,在台湾东海大学文史哲中西文化学术系列讲座上主讲《从文学体式与性别文化谈词的"弱德之美"》。3月27日,在台湾淡江大学讲《小词的人生境界》。

4月18日,被台湾斐陶斐荣誉学会授予第十一届杰出成就奖。

5月,与友人谢琰、施淑仪、陶永强、梁珮、王锦媚等至温哥华岛阿莱休闲区度假。

6月3日至7月15日,在温哥华岭南长者学院续讲《清词系列之二——阳羡词派陈维崧等人及纳兰性德》(共6讲)。

8月16日,参加南开大学历史学院"中唐以来思想文化与社会演进"国际学术研讨会。

9月,因左锁骨骨折入住天津医院。

10月19日,应邀至天津农学院发表演讲《一位古生物学家词中的生命反思》。

11月4日，在中国国家图书馆讲《从不成家数的妇女哀歌到李清照词的出现》。11月6日，应冯其庸教授之邀在中国人民大学国学院做《小词中的儒家修养》的演讲。

12月19日，在南开大学讲《爱情与道德的矛盾和超越——论词学发展的过程》。12月30日，在天津政协礼堂讲《中国古典诗歌的吟诵传统》。

2007 年

2月3日、4日、10日、11日，中国教育电视台先后播出叶嘉莹教授系列讲座：《词的美感特质》《词例的评赏》《诗的美感特质》《诗例的评赏》。2月10日，应中国国家图书馆部级领导干部历史文化讲座之邀，发表演讲《谈婉约词的欣赏》。

3月7日，出席中华书局在南开大学文学院章阁厅举办的叶嘉莹《迦陵诗词稿》新书发布暨座谈会。

7月1日至8月11日，在温哥华岭南长者学院续讲《清词系列之三——浙西词派朱彝尊等人》（共6讲）。

9月29日，应中央电视台之邀，在广东佛山讲《小词中的儒家修养》。

10月初，受邀访台。10月2日，在台湾大学讲《神龙见首不见尾——谈〈史记·伯夷列传〉之章法与词之美感特质》《陈曾寿词中的遗民心态》；10月4日，在洪建全教育文化基金会讲旧体诗词；10月6日，在长庚大学讲《镜中人影——〈迦陵诗词稿〉中的我（一）》；10月9日，在台湾大学讲《陈曾寿词中的遗民心态》；10月11日，在台湾清华大学讲《镜中人影——〈迦陵诗词稿〉中的我（二）》。10月18日，在南开大学讲《爱情为什么变成了历史——谈清代词史观念的形成与清代的史词》。

11月25日，香港凤凰卫视《名人面对面》栏目播出叶嘉莹访谈。

12月，应澳门中华诗词学会邀请，赴澳门参加爱国侨领梁披云先生百岁寿典。

2008年

5月3日，赴渥太华参加长外孙女婚礼，顺道在美国东部讲学。5月6日，在美国华盛顿华府侨教中心举办讲座，讲题为《从双重性别与双重语境谈晚唐五代词的美感特质》。5月10日，应美国哈佛大学之邀讲《现代文论与传统词学》。5月24日，丈夫赵钟苏病逝于温哥华。

6月21日至7月26日，在温哥华岭南长者学院续讲《清词系列之四——常州词派张惠言等》（共6讲）。

9月17日，应天津师范大学文学院之邀讲《古典诗词的吟诵传统》。

10月24日，参加南京大学举办的清词学术研讨会，发表演讲

《清代词人对词之美感特质之反思》。10月25日,应东南大学第四届"华英文化系列讲座——大师系列"之邀,发表演讲《王国维〈人间词话〉问世百年的词学反思》。

11月5日至28日,南开名家论坛举办叶嘉莹先生回国讲学三十周年系列讲座,演讲《王国维〈人间词话〉问世百年的词学反思》(共4讲)。

12月12日,在南开中学讲《〈迦陵诗词稿〉中的荷花》。12月20日,被中华诗词学会授予"中华诗词终身成就奖"。

2009年

2月21日,在台湾洪建全教育文化基金会敏隆人文纪念讲座上讲《王国维〈人间词话〉问世百年的词学反思(上)》。2月23日,在台湾"中研院"讲《王国维〈人间词话〉问世百年的词学反思(下)》。

6月20日、21日,参加温哥华中学教师会议,发表演讲《稼轩词》。

7月4日至8月15日,在温哥华岭南长者学院举办"王国维《人间词话》问世百年"系列讲座(共7讲)。

9月6日,应台湾大块文化公司之邀,在北京大学英杰中心阳光大厅讲《如何解读迷人的诗谜——李商隐诗》。9月22日至25日,应邀赴杭州参加浙江卫视拍摄西湖的节目。

10月12日，应中央电视台之邀，参加"中华诵"经典诵读大型诗歌朗诵会，现场吟诵古典诗词。10月13日至16日，应邀参加由教育部、首都师范大学联合主办的"中华吟诵周"活动。10月17日，在南开大学发表演讲《我与南开三十年》，作为南开大学建校九十周年系列庆祝活动之一。10月24日，在天津广播电视大学讲《谈〈苦水作剧〉在中国戏曲史上空前绝后的成就》。

11月6日至8日，在京参加顾随百年诞辰纪念会，发表演讲《谈〈苦水作剧〉在中国戏曲史上空前绝后的成就》。11月12日，应南开大学跨文化发展研究院之邀，为即将出国教汉语的老师上中华诗词文化培训课，讲授《中华诗词之特美》系列讲座第一讲。

12月11日，应中山大学邀请，讲《从一些实例看诗词接受和传达的信息》。12月17日，应台湾中央大学余纪忠讲座之邀，发表演讲《百炼钢中绕指柔——辛弃疾词的欣赏》。12月18日，受邀参加台湾中央大学举办的"钱锺书教授百岁纪念"国际学术研讨会，发表演讲《从中国诗论之传统及诗风之转变谈〈槐聚诗存〉的评赏》。

2010年

1月8日，应汉德唐书院中西文化博学班邀请，发表演讲《从性别文化谈小词中画眉簪花照镜之传统》。1月15日，应国家汉办全球孔子学院院长培训班邀请，讲授《中华诗词之特美》系列讲座第二讲。1月30日,北京大学清华大学天津校友会邀讲《南唐冯李词对花间温韦词的拓展》(《中华诗词之特美》系列讲座第三讲)。

7月3日至8月7日,在温哥华岭南长者学院举办系列讲座《北宋名家词选讲之一——晏殊、欧阳修、晏几道、秦观》(共6讲)。

9月22日,应邀出席"中国因你更美丽"——2010《泊客中国》颁奖盛典,并为美国当代作家、翻译家和著名汉学家比尔·波特颁奖。

10月9日,应天津军事交通学院邀约,举办讲座《从西方意识批评文论谈辛弃疾词一本万殊的成就》。10月16日,参加扬州举办的首届儿童母语论坛"小学母语教育与中华传统文化",发表演讲《中国古典诗歌的欣赏》。10月18日,参加南开大学文学院主办的中国唐代文学学会第十五届年会暨唐代文学国际学术研讨会闭幕式。

12月1日凌晨,温哥华家中失窃,丢失物品中包括台静农先生书写的一副联语"室迩人遐,杨柳多情偏怨别;雨余春暮,海棠憔悴不成娇"、缪钺先生书写的一首《相逢行》七言长古,以及范曾先生的三幅书画作品:《维摩演教图坐相》、《高士图》与《水龙吟》词书法。年底,作为首席专家中标2010年国家社会科学基金重大项目"中华吟诵的抢救、整理与研究"。

2011年

1月10日,在南开大学讲《谈中国旧诗之美感特质与吟诵之传统》。

2月18日,在南开大学主讲《我对中华传统诗词感发生命的理解》。

3月22日、24日、26日,应台湾大块文化出版公司之邀,在南开大学举办《中华诗词的吟诵传统与美感特质》系列讲座(共3讲)。

5月14日,应加拿大华裔作家协会邀讲《评介晚清名词人陈曾寿》,并在温哥华举办系列讲座《"弱德之美"——晚清世变中的诗词》(共6讲)。

9月28日,应东北财经大学之邀,发表演讲《从几首诗例谈中国诗歌之美感特质与吟诵之关系》。

10月18日,应南开大学"初识南开"讲座之邀,发表演讲《从几首诗词谈我回国教学的动机与愿望》。10月24日,应邀出席陈省身先生诞辰一百周年纪念会,并做题为《从陈省身先生手书的一首诗谈起》的发言。

11月9日,应人民日报《文史参考》杂志社之邀,在清华大学发表演讲《我心中的诗词家国》。11月13日,在首都师范大学参加第二届"中华吟诵周"相关活动,主讲吟诵的重要性。

12月29日,以最高票数当选由南开大学研究生院主办的第四届南开大学研究生"良师益友"。

2012 年

2月1日，应邀出席由国务院参事室、中央文史研究馆主办的"中华诗词吟唱会"。2月27日、29日，3月1日、3日，在南开大学录制中国大学视频公开课《小词中的修养境界》(共4讲)。

3月7日，在南开大学汉语言文化学院讲《论古典诗歌的美感与吟诵》。3月17日，在中国国家图书馆部级领导干部历史文化讲座上发表演讲《中国古典诗歌的美感特质与吟诵》。

6月15日，被聘为中央文史研究馆馆员。

6月至7月，应加拿大华裔作家协会之邀讲《中国古典诗词的美感特质》(共4讲)。

8月17日，在温哥华地区列治文图书馆发表演讲《从双重性别与双重语境谈晚唐五代词的欣赏》。

9月28日，应邀出席由横山书院与中国艺术研究院联合主办的"多闻多思系列"学术公益讲座，发表演讲《我与莲花及佛法之因缘》。9月29日晚，出席横山书院举办的月印横山雅集。

10月25日，在南开大学"初识南开"讲座上主讲《〈迦陵诗词稿〉中的家国沧桑》。10月28日，应中国国家图书馆部级领导干部历史文化讲座之邀讲《小词中的修养境界》。10月29日，应中国传媒大学之邀讲《古典诗词诵读中的"家国情怀"》。

2013 年

2月19日、20日、21日，应中华吟诵学会与亲近母语文化教育有限公司联合邀请，在南开大学爱大会馆会议厅举办"古典诗词的吟诵与教学"系列讲座。

3月8日，在南开大学讲《西方文论与中国词学》。3月，作《金缕曲》为恭王府海棠雅集首唱。

5月19日，在加拿大温哥华出席2013年全加华文教育会议并发表演讲《南唐君臣词之承前启后的影响》。

7月6日，出席由中华书局发起，光明日报社、中央电视台、中华诗词学会、中华诗词研究院、中国移动共同举办的"中国诗·中国梦"——首届"诗词中国"传统诗词创作大赛颁奖典礼，为大赛获奖者颁奖。7月8日，应湛如法师之邀至法源寺相聚，当日为叶先生农历生日。7月13日，出席由横山书院与中国艺术研究院联合主办的"2013文化中国夏季讲坛"讲座。7月27日、8月10日、8月17日、8月24日，受加拿大华裔作家协会之邀，在加拿大西蒙菲莎大学举办"李商隐诗"系列讲座（共4讲）。

10月31日，在南开大学主楼小礼堂讲《从西方文论与中国传统诗学谈李商隐诗的诠释与接受》。

11月25日至12月8日，赴台参加台湾趋势教育基金会等主办的"向大师致敬——2013叶嘉莹"系列活动，包括"庆祝叶嘉莹教授九十华诞生平资料展"，演讲《从几首诗例谈杜甫继古开今多方面之成就》。

12月16日,在"叶氏驼庵奖学金"颁奖典礼上讲《读书曾值乱离年》。12月20日,出席中央电视台"中华之光——传播中华文化年度人物评选"颁奖典礼,荣获"传播中华文化年度人物"奖。12月21日,应邀出席由中国民生银行主办的第八届快哉雅集。12月22日,在人民教育电子音像出版社录制《叶嘉莹——诗的故事》。

2014年

3月22日,应邀出席横山书院与中国艺术研究院联合主办的"2014文化中国春季讲坛",发表演讲《九十回眸——论〈迦陵诗词稿〉中之心路历程》。

4月17日,在中国外文局演讲《九十回眸》。

5月9日至12日,南开大学与中央文史研究馆联合举办叶嘉莹教授九十华诞暨中华诗教国际学术研讨会,"叶嘉莹教授手稿、著作暨生平影像展"。

7月16日,参加加拿大不列颠哥伦比亚大学亚洲图书馆举办的"叶嘉莹教授手稿、著作暨生平影像展"。

9月29日,荣获由凤凰网、凤凰卫视、岳麓书院主办的"致敬国学——2014首届全球华人国学大典"国学传播奖。

11月22日,文化部恭王府管理中心将两株西府海棠移植至南开大学迦陵学舍。

12月6日，应邀出席由中国民生银行主办的第九届快哉雅集。12月7日，应北京民生中国书法公益基金会邀请，在快哉雅集现场为北京市海淀区、西城区师生及家长代表讲《诗的故事》。12月14日，在南开大学为全国国税局国学培训班讲《词意抉隐——谈苏辛词各一首》。12月20日，出席横山书院举办的"学在横山·诗中忘年"雅集。

2015年

1月6日，荣获由中华文化促进会、香港凤凰卫视主办评选的"2014中华文化人物"荣誉称号。1月11日，应邀至南开大学商学院演讲《从漂泊到归来》。

2月11日，在人民教育电子音像出版社录制《叶嘉莹谈吟诵》。2月12日，录制北京民生中国书法公益基金会系列公益项目"中华诗词人物系列《与诗书在一起》专题演讲之冯延巳"。3月15日，出席由横山书院和中国艺术研究院联合主办的"2015文化中国春季讲坛"，发表演讲《我诗中的梦与梦中的诗》。

3月19日，录制北京民生中国书法公益基金会系列公益项目"中华诗词人物系列《与诗书在一起》专题演讲之韦庄"。

4月13日，应邀出席文化部恭王府管理中心举办的第五届海棠雅集，并现场读诵67年前刊发在《中央日报》的宗志黄的两套散曲。一套以《正宫·端正好》一支曲子为开端，发表于1948

年6月21日,写的是当时的国府官员于胜利后,把"接收"变成"劫收",上下贪腐,不到三年就面临败亡的结果;另一套以《南吕·一枝花》一支曲子为开端,发表于1948年7月15日,写的是在抗战后期,百姓在战乱中逃亡,经受颠沛流离之苦。4月13日,录制北京民生中国书法公益基金会系列公益项目"中华诗词人物系列《与诗书在一起》专题演讲之李煜"。4月26日,应邀参加由天津市文化广播影视局、天津市新闻出版局、光明日报社联合主办,由天津图书馆及天泽书店承办的"海津讲坛"公益讲座,在天津图书馆文化中心新馆报告厅演讲《从漂泊到归来》。

5月2日、9日,凤凰卫视《文化大观园》栏目连续两期播出《对话诗词大家叶嘉莹》。

6月3日,录制北京民生中国书法公益基金会系列公益项目"中华诗词人物系列《与诗书在一起》专题演讲之温庭筠"。6月16日,国务院相关领导人亲笔给叶先生等人就中华传统吟诵的联名信书写长达一页的批示,充分肯定了叶先生多年来在延续诗教传统、弘扬民族文化优秀元素方面做出的突出贡献。

8月20日,当选为中华诗词学会名誉会长。

10月10日,出席由横山书院和中国艺术研究院联合主办的"2015文化中国秋季讲坛",发表演讲《从词的起源看丝路上的文化交流》。10月17日、18日,南开大学与中央文史研究馆联合主办"叶嘉莹教授从教七十周年"系列活动,其中包括三个主要活动。①10月17日，在南开大学举行迦陵学舍启用仪式。学舍功能集教学、科研、办公、生活于一体。修建曾得到加拿大华侨刘和人女士、澳门实业家沈秉和先生各100万元人民币资助，以及南开大学的大力支持。学舍修建的消息传出后得到社会有关人士多方支持。②10月18日上午，在南开大学东方艺术大楼举行加拿大阿尔伯塔大学授予叶嘉莹教授荣誉博士学位仪式，加拿大驻华大使赵朴（Guy Saint-Jacques）先生全程出席。③10月18日下午，举行"叶嘉莹古典诗词教育思想"座谈会。

11月1日，应邀出席国务院参事室、中央文史研究馆在中国美术馆举办的"文史翰墨——第二届中华诗书画展"开幕式，并现场做吟诵示范。11月2日，应邀在北京会议中心面向全国各地文史馆馆员代表发表演讲《从词的起源看丝路上的文化交流》。

2016年

3月25日，获得由凤凰卫视等共同评选的"影响世界华人大奖"终身成就奖。

4月6日，应邀在天津大剧院演讲《要见天孙织锦成——我来南开大学任教的前后因缘》。

8月6日，出席由横山书院和中国艺术研究院联合主办的"2016文化中国秋季讲坛"，发表演讲《中印文化交流对中国诗词的影响》。8月27日，在中国词学学会主办、河北大学承办的2016

词学国际学术研讨会上获颁首届"中华词学研究终身成就奖"。

2016年,叶嘉莹教授将出售北京、天津房产的收入1857万元全部捐赠给南开大学设立"迦陵基金",志在推动古典诗词教育,助力中华优秀传统文化传承。

2017年

3月18日,出席"2017文化中国春季讲坛",发表《西方文论与中国词学》的主题演讲。3月20日,应邀参加中央电视台《朗读者》节目录制。

4月8日,台湾洪建全教育文化基金会率团来迦陵学舍参观交流。4月9日,在南开大学东方艺术大楼演播厅举办主题演讲《〈迦陵诗词稿〉中的心路历程》。4月15日,文化部恭王府管理中心在迦陵学舍举办海棠雅集。

7月20日,教育部语言文字应用管理司中国语文现代化学会在南开大学综合实验楼报告厅举办"普通话吟诵研究与传承"学术研讨会,做《谈中国诗歌之吟诵》主题演讲及吟诵示范。

11月11日,出席"2017文化中国秋季讲坛",发表《〈迦陵诗词稿〉中非言志的隐意识之作》主题演讲。11月13日,随文学纪录电影《掬水月在手》拍摄团队在北京恭王府博物馆拍摄、接受访谈。11月14日,随文学纪录电影《掬水月在手》拍摄团队在北京故宫拍摄、接受访谈。

12月12日，在天津中医药大学演讲《以我自己的作品为例——谈诗歌中隐意识与显意识之呈现》。12月21日，出席南开大学举办的"叶氏驼庵奖学金"颁奖典礼并演讲《"心中一焰"——我对后学者的期望》。

2018年

1月15日，为配合文学纪录电影《掬水月在手》的拍摄，拟前往迦陵学舍与台湾学生视频见面，不慎在家中摔倒。

2月16日，大年初一，中央电视台科教频道播出叶先生采访。

4月3日，为中共中央纪律检查委员会网站录制讲授孟郊诗。4月17日，入选"改革开放四十周年最具影响力的外国专家"。4月22日，出席由恭王府在南开大学迦陵学舍举办的第八届海棠雅集活动，并当场吟诗。

6月24日，参加南开大学荷花节并在迦陵学舍接受媒体采访。

7月13日，由台湾著名作家、昆曲制作人白先勇担任总制作人、总策划的昆曲剧目——校园传承版《牡丹亭》在南开大学演出，为叶先生祝寿。7月15日，中央电视台新闻频道《面对面》栏目播放叶嘉莹先生专访《诗词慰平生》。

9月10日，荣获2018年度中央电视台评选的"最美教师"称号。9月22日，温家宝到南开大学迦陵学舍看望叶嘉莹先生，与叶嘉莹先生亲切会谈。

11月1日，中央电视台《国家记忆》栏目播出《传薪者——诗词留香叶嘉莹》专题片。

12月6日晚，作为捐赠人应邀出席2018年南开大学社会捐赠感恩答谢会，会上播放《掬水月在手》片花。12月17日，出席第二十二届"叶氏驼庵奖学金"、第十四届"蔡章阁奖助学金"颁奖典礼。12月，入选"感动中国2018年度候选人物"。

2019年

1月4日，入选中国新闻社主办的"乔鑫杯·2018全球华侨华人年度人物"。1月29日，再次向南开大学"迦陵基金"捐款人民币1711万元。

3月31日，由北京民生中国书法公益基金会设立的"中华传统文化民生奖学金"在京举行启动仪式，其中包括"叶嘉莹民生奖学金"。

4月13日，由恭王府主办、中华古典文化研究所协办的第九届海棠雅集活动在迦陵学舍举办。

8月18日，获聘为南开大学终身校董。8月22日，首届中华经典诵写讲大赛之"迦陵杯·诗教中国"诗词讲解大赛全国总决赛在南开大学开赛，与参赛选手见面交流。

9月10日，"叶嘉莹教授归国执教四十周年暨中华诗教国际学术研讨会"在南开大学举办；荣获"南开大学教育教学终身成就奖";高等教育出版社研发的数字产品《聆听叶嘉莹》正式上线。9月30日,荣获"中国政府友谊奖"。

10月27日,温哥华国韵合唱团、南开大学学生合唱团、南开大学教师合唱团、天津校友会校友合唱团,共同献礼叶嘉莹教授归国执教四十周年暨纪念《黄河大合唱》首演八十周年,在南开大学田家炳音乐厅举办合唱音乐会。

11月25日,首届"中华传统文化民生奖学金·叶嘉莹民生奖学金"在北京公布获奖名单。

12月31日,在西南村家中会见第二十三届"叶氏驼庵奖学金"、第十五届"蔡章阁奖助学金"获奖学生代表。12月31日,范曾先生向叶先生赠送画作,此作是范曾先生根据叶先生词作《浣溪沙》("无限清辉景最妍。流波如水复如烟。一轮明月自高悬。　已惯阴晴圆缺事,更堪万古碧霄寒。人天谁与共婵娟。")而创作。范曾先生将叶先生的词作抄录于画作上,并依原韵和词一首:"记得村居碧草妍。追陪高论沐霞烟。能忘树顶月孤悬。　世上暌违缘俗谛,老来心事伴秋寒。千程何碍忆婵娟。"

2020年

1月3日,天津市科学技术局党委委员、副局长,天津市外国专家局局长袁鹰一行看望叶先生,并呈送"2019年度中国政府友谊奖"证书。

4月13日，教育部办公厅发布关于举办第二届中华经典诵写讲大赛的通知，"迦陵杯·诗教中国"诗词讲解大赛是其中的四个赛项之一。

7月18日，文学纪录电影《掬水月在手》入围2020年第二十三届上海国际电影节金爵奖官方入选影片纪录片单元。

8月29日，文学纪录电影《掬水月在手》在北京国际电影节放映。

9月10日，文学纪录电影《掬水月在手》教师节特别展映暨"央视新闻公开课"致敬"弱德之美"活动在南开大学举办，叶嘉莹先生出席，讲授"开学第一课"，并通过央视新闻客户端、学习强国等直播。9月11日，"远天凝伫，弱德之美"叶嘉莹文学纪录电影《掬水月在手》学术研讨会在南开大学迦陵学舍举行。

10月16日，文学纪录电影《掬水月在手》全国艺联专线上映。

11月28日，文学纪录电影《掬水月在手》荣获第三十三届中国电影金鸡奖最佳纪录/科教片奖。由教育部、国家语言文字工作委员会主办，南开大学、高等教育出版社承办的第二届中华经典诵写讲大赛之"迦陵杯·诗教中国"诗词讲解大赛全国总决赛在线上举办。

12月21日，第二十四届"叶氏驼庵奖学金"、第十六届"蔡章阁奖助学金"因疫情在网上公布获奖名单。12月23日，北京民生中国书法公益基金会第二届"叶嘉莹民生奖学金"获奖名单在网上公布。

2021年

2月17日，叶嘉莹先生获颁"感动中国2020年度人物"。

3月23日，教育部办公厅发布关于举办第三届中华经典诵写讲大赛的通知，"迦陵杯·诗教中国"诗词讲解大赛是其中的四个赛项之一。

7月7日，国际儒学联合会会长刘延东一行在南开大学党委书记杨庆山的陪同下，看望了叶嘉莹先生。之后国际儒联与南开大学签署战略合作框架协议，共建迦陵书院，扩大中华诗词与文化的传播面和影响力。

10月18日，叶嘉莹先生获得"第六届世界中国学贡献奖"。10月18日至19日，第三届中华经典诵写讲大赛之"迦陵杯·诗教中国"诗词讲解大赛全国总决赛在浙江诸暨海亮教育园举办，叶嘉莹先生录制了视频向参赛选手表示问候。在10月19日第三届"迦陵杯·诗教中国"诗词讲解大赛全国总决赛的总结仪式上，"诗教润乡土"活动正式启动。该活动受教育部语言文字应用管理司指导，旨在积极推动以优秀诗词文化和卓越诗词教育服务乡村振兴、助力共同富裕、促进民族团结。

11月5日，中央电视台《鲁健访谈》栏目播出《对话叶嘉莹》专题片。

2022年

1月2日，中央三套《读书 我的2021》栏目播出叶先生访谈，叶先生推荐书目《论语》。1月28日，在中国传统节日春节即将到来之际，叶先生以视频的形式向海内外故交挚友致意，送上新春祝福。

2月1日，《为有荷花唤我来——叶嘉莹在南开》由中国大百科全书出版社出版。这是南开大学中文系1982级校友倡议并组稿，由南开大学校友会和南开大学文学院共同出资，出版的唯一一部记述叶嘉莹先生执教南开、作育人才的著作。

6月3日，中央电视台《鲁健访谈》栏目播出《对话叶嘉莹》专题片。本月，抖音、字节跳动公益基金会联合南开大学文学院、中华书局，推出短视频版《唐诗三百首》，邀请叶嘉莹等23位名师解读唐诗经典。

10月19日，第二十五届"叶氏驼庵奖学金"、第十七届"蔡章阁奖助学金"评选活动启动。

11月29日，由教育部、国家语言文字工作委员会主办，南开大学、高等教育出版社承办，慈溪市慈吉教育集团协办的第四届中华经典诵写讲大赛之"迦陵杯·诗教中国"诗词讲解大赛全国总决赛在线上举办，叶嘉莹先生录制了视频向参赛选手表示问候。

12月28日，叶先生到天津医科大学总医院住院治疗。12月29日，著名中医专家张伯礼院士亲往天津医科大学总医院探望，与院方专家共同研究叶先生的治疗方案。

2023年

1月9日，叶先生康复出院。

2月3日，叶先生再次到天津医科大学总医院住院治疗。

4月10日，由文化和旅游部恭王府博物馆、中华诗词学会、南开大学文学院共同主办的第十二届（癸卯）海棠雅集成功举办。会上，中华诗词学会周文彰会长向叶嘉莹先生颁发"百岁诗星"荣誉证书（由南开大学文学院代为转呈），不少诗家还现场以诗词庆贺叶嘉莹先生百岁华诞。4月22日，由教育部语用司指导，国家语言文字推广基地（南开大学）、中华经典诵写讲大赛执委会（语文出版社）联合浙江省教育厅、金华市人民政府主办的"典耀中华"阅读大会暨第五届中华经典诵写讲大赛启动仪式在浙江金华举办，"迦陵杯·诗教中国"诗词讲解大赛是其中的四个赛项之一。

8月22日，由教育部、国家语言文字工作委员会主办，南开大学、高等教育出版社、金华市人民政府承办，金华市教育局、浙江人文经济研究院、迦陵书院协办，金华市外国语实验学校执行承办的第五届中华经典诵写讲大赛"迦陵杯·诗教中国"诗词讲解大赛全国总决赛在浙江金华拉开战幕。来自全国29个省区市的270名选手，分为大学教师、中学教师、小学教师、大学生、留学生等五个组别，围绕经典诗词讲解、古典诗词当代传承等主题，切磋比拼诗词传讲艺术、学识见解和教育技能。总决赛开幕式上，还举行了"诗教润乡土"推进活动，邀约浙江省桐庐县文联、四川省大邑县教育局、广州行人文化传播有限公司、海亮教育管理集团等九家单位作为示范单位，拓展"诗教润乡土"活动的广度、深度，丰富并创新活动开展的方式方法。

9月10日，《为有荷花唤我来——叶嘉莹在南开》出版暨贺叶嘉莹先生百岁寿诞座谈会在南开大学举行。当日，抖音联合南开大学文学院上线"荷畔诗歌节"系列节目，邀请文化嘉宾相聚兰溪八卦村荷花池畔，围绕中国古典诗词与现代生活、语文教育、AI写作、当代传播等话题的碰撞展开讨论，分享传统文化的多样魅力，与网友共读古诗词。此次诗歌节以"荷畔"冠名，是对叶嘉莹先生诗教精神的致敬，也是希望把古诗词的"荷香"传递给更多人。9月20日，《唐诗三百首（名师抖音共读版）》新书发布会在北京举办。该书由中华书局编辑出版，根据短视频版《唐诗三百首》讲稿整理而成，集结了包括叶嘉莹等23位名家学者的讲授。此版本既展现了权威底本和名师解析的专业性，也保留了短视频原稿的互动性等特点。

10月15日，"中华诗教国际学术研讨会"在南开大学开幕。

来自世界各地的近200位学者,共话中华诗歌的传承与弘扬,以学术研讨交流的方式向叶嘉莹先生百岁华诞致敬。本次会议由南开大学、中央文史研究馆、国际儒学联合会联合主办,高等教育出版社、天津市教育发展基金会协办。

11月26日晚,音舞诗剧《诗教绵绵——为有荷花唤我来》在南开大学八里台校区田家炳音乐厅成功首演。当晚,第二十六届"叶氏驼庵奖学金"暨第十八届"蔡章阁奖助学金"颁奖仪式隆重举行。

12月6日,南开大学文学院与浙江人文经济研究院联合发起"诗不远人话迦陵"短视频抖音寄语活动,以叶嘉莹先生百岁华诞系列活动为契机,邀请关心和热爱古典诗词的各界友人,一起线上读诗讲诗,弘扬中华诗教。

2024年

2月4日,南开大学党委书记杨庆山到天津医科大学总医院看望叶先生。2月23日,中央文史研究馆文史业务司耿识博代表中央文史研究馆前往总医院看望叶先生。2月22日至27日,为向叶先生百岁华诞致敬,中央电视台科教频道《百家讲坛》播出《诗词大先生》,该节目分为《未应磨染是初心》《文明新旧能相益》《心理东西本自同》《只是征行自有诗》《高节人相重》《诗教绵绵传嗣响》(共6讲)。

7月2日至5日,中央广播电视总台《读书》栏目播出《诗词与我:叶嘉莹先生百岁华诞读书会》系列节目(共四集)。

7月6日,南开大学与抖音、央视频联合在迦陵学舍举行"诗话人生"主题直播活动,天津广播电视塔点亮,共同庆祝叶嘉莹先生百岁农历生日。

9月11日,中央广播电视总台《国家记忆》节目播出《教育家精神》第六集,重点介绍了叶嘉莹先生的事迹。